高等职业院校基于工作过程项目式系列教材

企业级卓越人才培养解决方案“十三五”规划教材

职业能力与就业指导教程

天津滨海迅腾科技集团有限公司　编著

图书在版编目(CIP)数据

职业能力与就业指导教程 / 天津滨海迅腾科技集团有限公司编著. —天津：天津大学出版社，2020.3（2021.7重印）

高等职业院校基于工作过程项目式系列教材 企业级卓越人才培养解决方案“十三五”规划教材

ISBN 978-7-5618-6640-5

Ⅰ. ①职… Ⅱ. ①天… Ⅲ. ①大学生－职业选择－高等职业教育－教材②大学生－就业－高等职业教育－教材 Ⅳ. ①G717.38

中国版本图书馆CIP数据核字(2020)第034395号

ZHIYE NENGLI YU JIUYE ZHIDAO JIAOCHENG

主 编：陈 良 周鬘雨

副主编：朱 宏 杜卫东 魏静静
毛 敏 边兴科

出版发行 天津大学出版社
地 址 天津市卫津路92号天津大学内(邮编:300072)
电 话 发行部:022-27403647
网 址 www.tjupress.com.cn
印 刷 廊坊市海涛印刷有限公司
经 销 全国各地新华书店
开 本 185mm×260mm
印 张 12.5
字 数 312千
版 次 2020年3月第1版
印 次 2021年7月第3次
定 价 48.00元

高等职业院校基于工作过程项目式系列教材
企业级卓越人才培养解决方案“十三五”规划教材
编写委员会

杨　峰　山东胜利职业学院
成永江　东营科技职业学院
刘文娟　德州职业技术学院
杜卫东　枣庄职业学院
常中华　青岛职业技术学院
刘　磊　临沂职业学院
董红兵　威海海洋职业学院
李秀敏　烟台汽车工程职业学院
宋　军　山西工程职业学院
刘月红　晋中职业技术学院
田祥宇　山西金融职业学院
赵　娟　山西旅游职业学院
陈　炯　山西职业技术学院
范文涵　山西财贸职业技术学院
李艳坡　河北对外经贸职业学院
杨海源　衡水职业技术学院
娄志刚　唐山科技职业技术学院
刘少坤　河北工业职业技术学院
尹立云　宣化科技职业学院
孟敏杰　许昌职业技术学院
李庶泉　周口职业技术学院
周　勇　四川华新现代职业学院
周仲文　四川广播电视大学
邱　林　天府新区通用航空职业学院
贺国旗　陕西工商职业学院
夏东盛　陕西工业职业技术学院
景海萍　陕西财经职业技术学院
许国强　湖南有色金属职业技术学院
许　磊　重庆电子工程职业学院
谭维齐　安庆职业技术学院
董新民　安徽国际商务职业学院
孙　刚　南京信息职业技术学院
李洪德　青海柴达木职业技术学院

基于产教融合校企共建产业学院创新体系简介

基于产教融合校企共建产业学院创新体系是天津滨海迅腾科技集团有限公司联合国内几十所高校，结合数十个行业协会及1000余家行业领军企业的人才需求标准，在高校中实施十年而形成的一项科技成果，该成果于2019年1月在天津市高新技术成果转化中心组织的科学技术成果鉴定中被鉴定为国内领先水平。该成果是贯彻落实《国务院关于印发国家职业教育改革实施方案的通知》(国发〔2019〕4号)的深度实践，开发出具有自主知识产权的“标准化产品体系”(含329项具有知识产权的实施产品)。从产业、项目到专业、课程形成系统化的操作实施标准，构建了具有企业特色的产教融合校企合作运营标准“十个共”，实施标准“九个基于”，创新标准“七个融合”等全系列、可操作、可复制的产教融合系列标准，取得了高等职业院校校企深度合作的系统性成果。该成果通过企业级卓越人才培养解决方案(以下简称解决方案)具体实施。

该解决方案是面向我国职业教育量身定制的应用型技术技能人才培养解决方案，是以教育部—天津滨海迅腾科技集团产学合作协同育人项目为依托，依靠集团的研发实力，通过联合国内职业教育领域相关的政策研究机构、行业、企业、职业院校共同研究与实践获得的方案。本解决方案坚持“创新校企融合协同育人，推进校企合作模式改革”的宗旨，消化吸收德国“双元制”应用型人才培养模式，深入践行基于工作过程“项目化”及“系统化”的教学方法，形成工程实践创新培养的企业化培养解决方案，在服务国家战略——京津冀教育协同发展、中国制造2025(工业信息化)等领域培养不同层次的技术技能型人才，为推进我国实现教育现代化发挥了积极作用。

该解决方案由初、中、高三个培养阶段构成，包含技术技能培养体系(人才培养方案、专业教程、课程标准、标准课程包、企业项目包、考评体系、认证体系、社会服务及师资培训)、教学管理体系、就业管理体系、创新创业体系等，采用校企融合、产学融合、师资融合“三融合”的模式在高校内共建大数据(AI)学院、互联网学院、软件学院、电子商务学院、设计学院、智慧物流学院、智能制造学院等，并以“卓越工程师培养计划”项目的形式推行，将企业人才需求标准、工作流程、研发规范、考评体系、企业管理体系引进课堂，充分发挥校企双方的优势，推动校企、校际合作，促进区域优质资源共建共享，实现卓越人才培养目标，达到企业人才招录的标准。本解决方案已在全国几十所高校实施，目前形成了企业、高校、学生三方共赢的格局。

天津滨海迅腾科技集团有限公司(以下简称集团)创建于2004年，是以IT产业为主导的高科技企业集团。集团业务范围覆盖信息化集成、软件研发、职业教育、电子商务、互联网服务、生物科技、健康产业、日化产业等。集团以科技产业为背景，与高校共同开展“三融合”的校企合作混合所有制项目。多年来，集团打造了以博士研究生、硕士研究生、企业一线工程师为主导的科研及教学团队，培养了大批互联网行业应用型技术人才。集团先后荣获全国模范和谐企业、国家级高新技术企业、天津市“五一”劳动奖状先进集体、天津市“AAA”级劳动关系和谐企业、天津市“文明单位”、天津市“工人先锋号”、天津市“青年文明号”、天津市“功勋企业”、天津市“科技小巨人企业”、天津市“高科技型领军企业”等近百项荣誉。集团将以“中国梦，腾之梦”为指导思想，深化产教融合，坚持围绕产业需求，坚持利用科技创新推动生产，坚持激发职业教育发展活力，形成“产业 + 科技 + 教育”生态，为我国职业教育深化产教融合、校企合作的创新发展作出更大贡献。

前　言

专业技术能力以外的职业能力是“能力冰山”的水下部分，虽难以一眼察觉，却是决定从业者能否具有职业发展潜力的关键因素，更是企业选人用人的内在要求。对职业院校的学生而言，在日趋激烈的求职压力下，职业能力的训练和培养将会给学生提供更强大的职场竞争力。

本书以信息类专业的高职学生将来可能从事岗位的需求出发，结合一定的专业背景，设计多个训练项目，通过不断地训练，使读者能够系统性地锻炼自身的职业能力，养成兼具共性与个性的职业素养。本书通过五个项目的实践进行能力训练：项目一通过“315之后某电子产品售后服务”训练从事电子产品售后服务岗位所需的职业能力；项目二通过“传统服务类企业信息化改造的解决方案”训练从事解决方案工程师岗位所需的职业能力；项目三通过“某智能穿戴产品市场研判与推广”训练从事电子产品销售岗位所需的职业能力；项目四通过“科普类在线课程在某类人群中的学习推广”训练从事网络课程资源推广岗位所需的职业能力，并强化学生的职场竞争意识；项目五通过“电子信息技术专业学生试水职场”检验学生在前四个项目中的能力训练成果。

本书每一个项目分为学习目标、学习方案、任务描述、任务实施、总结汇报、举一反三六个模块。通过学习目标确定本项目所要关注的职业能力点，通过学习方案了解项目的学习过程，再参照任务描述进行任务实施，任务实施期间运用“实践、评估、修正、再实践”的能力提升闭环往复、螺旋式的训练自身职业能力，使得读者形成适合于自己的职业能力运用模式。经过总结汇报后，读者还可以实践“举一反三”中的通识类训练项目，以检验自身能力在其他方面的运用效果。

本书由陈良、周蘩雨共同担任主编，朱宏、杜卫东、魏静静、毛敏、边兴科担任副主编，陈良、周蘩雨负责整书编排，项目一由朱宏负责编写，项目二由杜卫东负责编写，项目三由魏静静负责编写，项目四由毛敏负责编写，项目五由边兴科负责编写。

本书注重职业能力在岗位上的运用，尤其是在任务实施模块中，按照项目开展的逻辑顺序设计记录表单，使得读者能清晰地记录项目过程，并在项目过程中潜移默化地提升职业能力。

天津滨海迅腾科技集团有限公司
技术研发部
2019年10月

目　录

项目一 315之后某电子产品售后服务

售后服务属于经营阶段，是售后最重要的环节。售后服务已经成为企业保持或扩大市场份额的要件。电子产品行业由原来的产品竞争逐步转为售后服务的竞争。售后服务的优劣能影响消费者的满意程度。顾客在购买过程中，商品的保修、售后服务等有关规定可使顾客摆脱疑虑、摇摆的心态，下定决心购买商品。优质的售后服务可以算是品牌经济的产物，在市场激烈竞争的社会，随着消费者维权意识的提高和消费观念的变化，消费者们不再只关注产品本身，在同类产品的质量与性能都相似的情况下，更愿意选择这些拥有优质售后服务的公司。

在售后服务的过程中，从业人员除了需具备电子产品营销与服务相关的知识以外，还需要具备较高的职业关键能力。例如，当客户描述不清楚电子产品的故障时，你必须与其沟通，帮助他将问题明晰化。同时还需要保持团队中其他成员的工作积极性。

通过本项目的实践，你应该达到以下学习目标（图 1-1）。

图 1-1 需要达到的学习目标

（1）自我学习：①学会如何收集你所需要的信息；②学会如何制定学习目标和学习计划；③学会进行自我评估，并能客观分析自己；④学会合理安排自己的时间。

（2）与人交流：①敢于当众演讲并准确表达自己的观点；②能够准确把握对方所要表达的观点；③能够利用表格参数、PPT 等阐述自己的观点；④学会撰写售后回访表等相关表格；⑤能够观察交谈中对方的反应，并能够准确把握对方的需求。

(3)与人合作:①学会如何组建团队,并使得团队能形成合力;②学会激励团队中的队友,并化解团队矛盾;③学会与合作伙伴化解分歧,达成共识,给对方留下良好印象;④学会谈判技巧,并能合理提出异议。

(4)信息处理:①能够从冗长的信息中提取自己需要的信息;②能进行信息分类、归纳;③能通过非语言文字渠道获取信息;④具备处理多类信息的综合能力。

(5)问题解决:①能从售后回访表上总结工作中的得失;②能不断反思总结自己的工作方法并加以改进。

1. 职业关键能力训练的基本流程

本项目职业关键能力训练的基本流程见图 1-2。

图 1-2 本项目职业关键能力训练的基本流程

2. 训练参考步骤

本项目“某品牌电脑售后服务开展”可以参照以下步骤(图 1-3)进行开展。

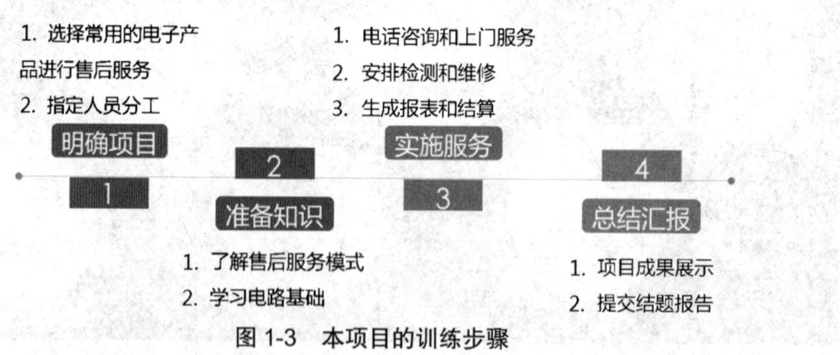

图 1-3 本项目的训练步骤

第一步:实践小组首先要明确项目的具体题目,如“电脑医生调查”“某品牌电脑售后网点调查”和“售后服务公众号调查”,并寻找此类“客户”群体。

第二步:按照具体题目进行知识准备,例如电脑的基本知识、售后服务的基本知识、学习如何制定工作计划等。

第三步:按计划实施,与客户进行对接交流,搞清楚客户的具体问题,根据问题完成售后服务报告的初稿。

第四步：以售后服务报告为蓝本，将项目进展和初期成果制作成宣讲 PPT，在班级上宣讲，根据宣讲情况再次进行客户需求调查，最终形成电脑售后服务报告终稿。

第五步：上交电脑售后服务报告、项目结题报告和本书需要填写的项目过程记录部分。

本步骤仅作为参考，在项目实施过程中若遇到突发的情况，教师或学生可根据实际情况进行调整。

1. 情景导入

某高校众创空间一数码店决定开电脑售后服务点，并制定完整方案，对新顾客购买的电子产品进行使用说明培训、维修、软件安装和升级等。情景图具体见图 1-4。

图 1-4　情景导入

2. 成果要求

通过本次项目的培训，需要形成多份项目结题报告、售后服务维修记录单（见图 1-5）和本书需要填写的项目过程记录部分。学生需提交的材料见表 1-1。

表 1-1　学生需提交的材料列表

所需材料名称	数量
售后服务记录单	*N* 份（与指导教师商定）
职业关键能力项目结题报告	1 份
结题汇报 PPT	1 份
汇报录像	1 份

续表

所需材料名称	数量
佐证材料（详见任务实施：第六周资料整理）	（详见任务实施：第六周资料整理）
完成本项目任务实施部分	所有要求填写的内容

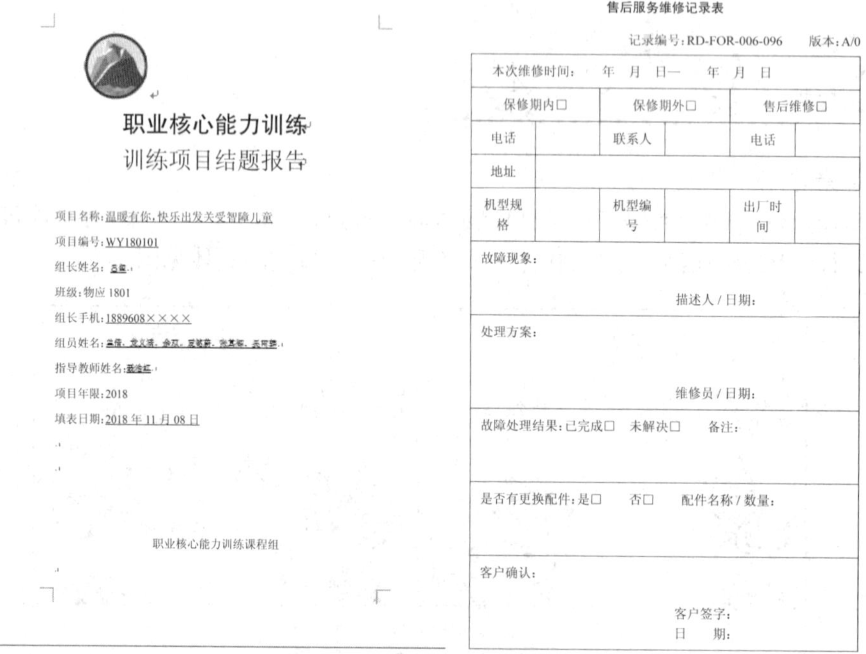

职业核心能力训练

训练项目结题报告

项目名称：温暖有你，快乐出发关受智障儿童

项目编号：WY180101

组长姓名：[illegible]

班级：物应 1801

组长手机：1889608××××

组员姓名：[illegible]

指导教师姓名：[illegible]

项目年限：2018

填表日期：2018 年 11 月 08 日

职业核心能力训练课程组

售后服务维修记录表

记录编号：RD-FOR-006-096　　版本：A/0

本次维修时间：　年　月　日—　年　月　日					
保修期内□		保修期外□		售后维修□	
电话		联系人		电话	
地址					
机型规格		机型编号		出厂时间	
故障现象：　描述人 / 日期：					
处理方案：　维修员 / 日期：					
故障处理结果：已完成□　未解决□　备注：					
是否有更换配件：是□　否□　配件名称 / 数量：					
客户确认：　客户签字：　日　期：					

图 1-5　项目需完成的报告和售后服务维修记录表

售后服务维修记录表模板和训练项目结题报告模板详见附件。

3. 知识准备

3.1　电子产品售后服务的基础知识

电子产品专柜销售主要有电子产品专柜的设计和电子产品专柜的经营（图 1-6）。

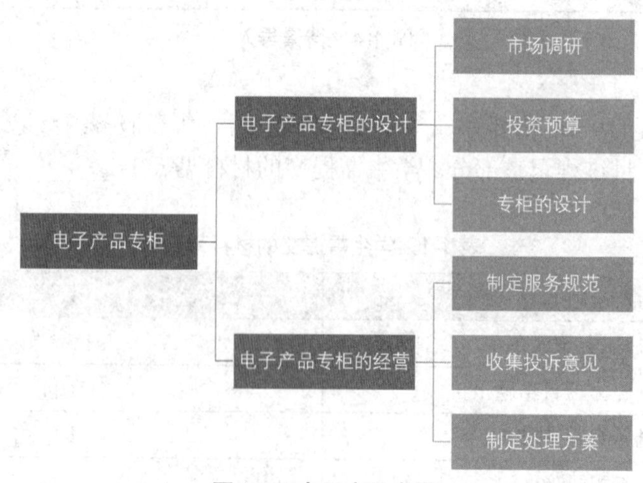

图 1-6　电子产品专柜

在电子产品专柜的设计阶段，首先需要进行市场调研，选择在哪个地方对产品进行定位。然后在可接受的成本范围内制定投资预算，最后设计专柜。产品的陈列影响整个专柜的形象，要有专业设计。

在电子产品专柜的经营阶段，需制定服务规范，管理从业人员的行为和礼仪。向顾客展示产品，接待顾客并进行销售。对员工进行专业训练，收集相关的投诉并制定处理方案等。在接待与销售训练方面，整个过程又分解为开场接待、了解顾客需求、产品解说、引导顾客体验、应对顾客拒绝、处理价格异议和促成交易等七个场景。

良好的企业形象和信誉是企业的无形资产，企业要有良好的形象和信誉，除了能够为顾客提供优质的产品外，周到的售后服务也是必不可少的。大多数顾客对电子产品的安装、使用和维护不太熟悉，在使用过程中可能造成许多不便。企业应设置有良好的安装、调试、维修和服务类工作，能够及时解除顾客的疑虑，使顾客买时称心，用时放心，得到客户的信赖和青睐，从而极大地提升企业的市场竞争力。

名牌产品的售后服务往往优于杂牌产品。名牌产品的价格之所以普遍高于杂牌产品的价格，一方面是基于产品成本和质量，同时也因为名牌产品的销售策略中已经考虑到了售后服务成本。电子产品售前、售后服务是一项程序性、技术性的工作，也是一种艺术性、心理性的服务行为，主要是学习售后服务管理软件的使用和前台接待。

3.2　电子产品售后服务的流程

售后服务流程主要分为服务请求和服务派工两种类别（图 1-7），两者的流程不同。

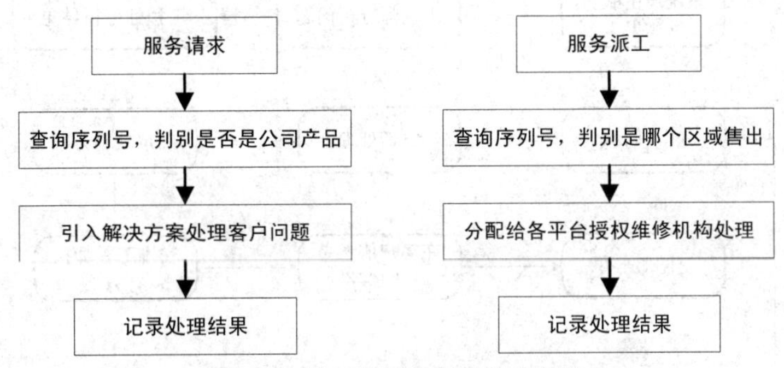

图 1-7　售后服务类别及其流程图

售后服务各个岗位的职责如图 1-8 所示。

某售后服务的工作流程如图 1-9 所示。

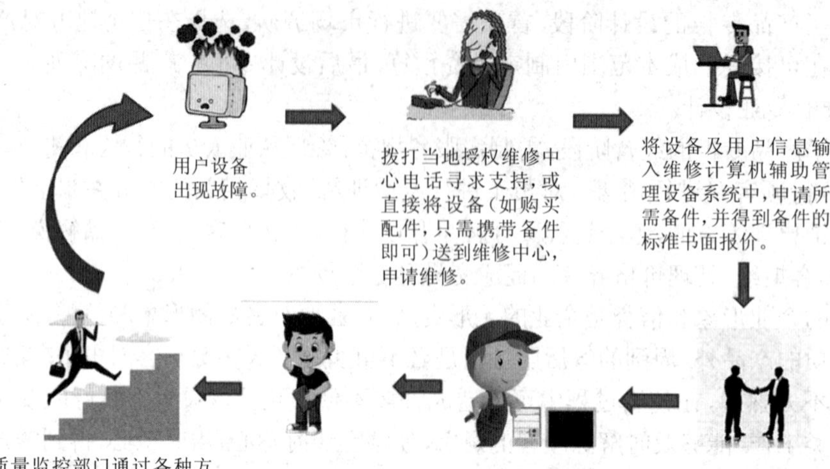

图 1-8 售后服务相关岗位职责

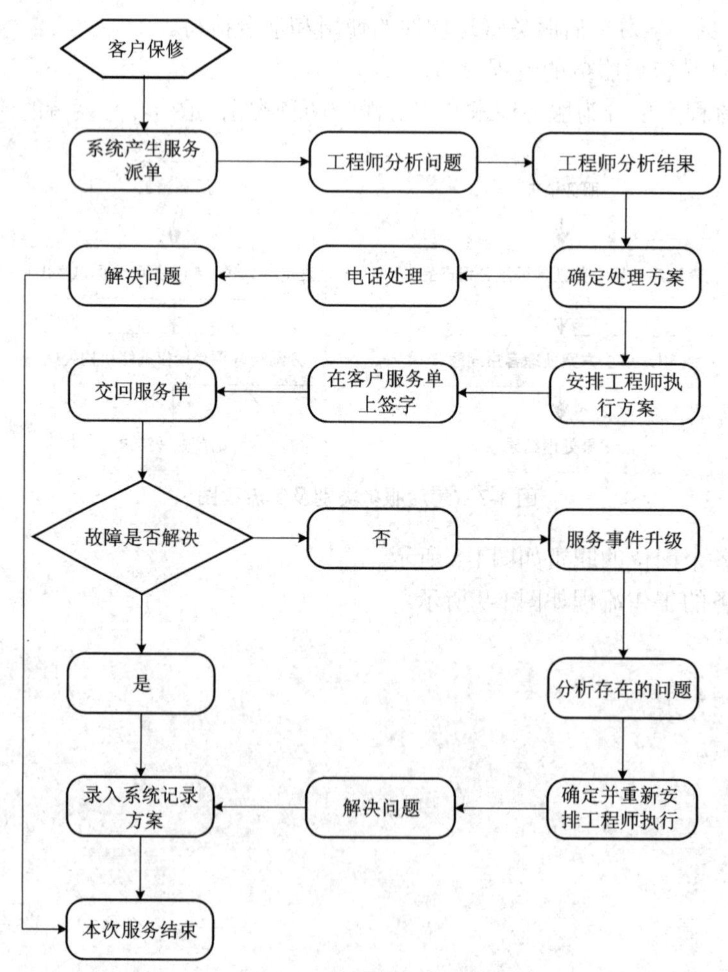

图 1-9 售后服务流程图

3.3　电子产品售后服务的主要内容

售后服务是指在商品出售以后所提供的服务，主要内容包括：

（1）为消费者提供产品的安装、调试服务，保证设备的正常运行；

（2）根据消费者要求，进行有关使用等方面的技术指导；

（3）保证维修零配件的供应；

（4）负责维修服务，并提供定期维护、定期保养；

（5）为消费者提供定期电话回访或上门回访；

（6）处理消费者来信来访以及电话投诉意见，解答消费者的咨询。同时用各种方式征集消费者对产品质量的意见，并根据情况及时改进；

（7）提供送货上门服务，解决客户在技术上遇到的难题；

（8）在商品操作方法较难以掌握的情况下，为客户提供专门的培训；

（9）及时提供零配件和备用件，保证货源充足；

（10）建立维修网络并提供巡回检修服务；

（11）建立客户指导制度，跟踪商品的使用和维修情况；

（12）对产品实行“三包”服务，即包修、包换、包退；

（13）编制并随产品销售附送产品说明书。

3.4　电子产品售后服务的服务要点

3.4.1　耐心聆听顾客所需

要从头到尾耐心地听完顾客所说的话，这是最基本的要求。并且记住顾客反复说的话，这是非常重要的内容。

3.4.2　听出顾客真意

在与顾客交谈时，或是在了解和商讨对策的过程中，需要仔细倾听，识别出顾客真正的用意、不满和抱怨等情绪。若有顾客的表达能力不好，吐词表意不清，努力尝试揣摩顾客的意图，顾客不方便说或不敢说的话才是重要的。

3.4.3　引导顾客出对策

如果问题实在没有办法解决，也可以让顾客帮忙想出对策。

3.4.4　通过服务树立企业形象

如今市面上相同功能的产品很多，售后服务是否良好已经成为厂家和商家抢夺消费者的重要部分。做好售后服务是下一次销售的重要保障，是吸引消费者、提升消费者满意度和忠诚度的最佳方法，是树立企业口碑和形象的最佳途径。

3.4.5　提升顾客满意度

顾客提出的要求需要售后服务来处理，厂家或者商家做得好坏是与顾客的满意度成正比的。当售后服务达到了顾客的要求，顾客对商家或厂家的满意度也会随之升高；当售后服务做得不尽如人意或对顾客置之不理，顾客对商家或者厂家的满意度将直线降低，最终产生厌恶感。

顾客满意后通常会持续购买自己满意的产品，用口碑宣传等积极的方式进行传播，对提高产品的市场占有率和品牌的美誉度起到强有力的作用。

客户通过电话、电子邮件、传真和QQ等多种方式提出支持维护需求；客户服务助理定期调查客户满意度得到支持服务需求；售后维护人员在支持维护期发掘客户的潜在服务需求。支持维护需求如图 1-10 所示。

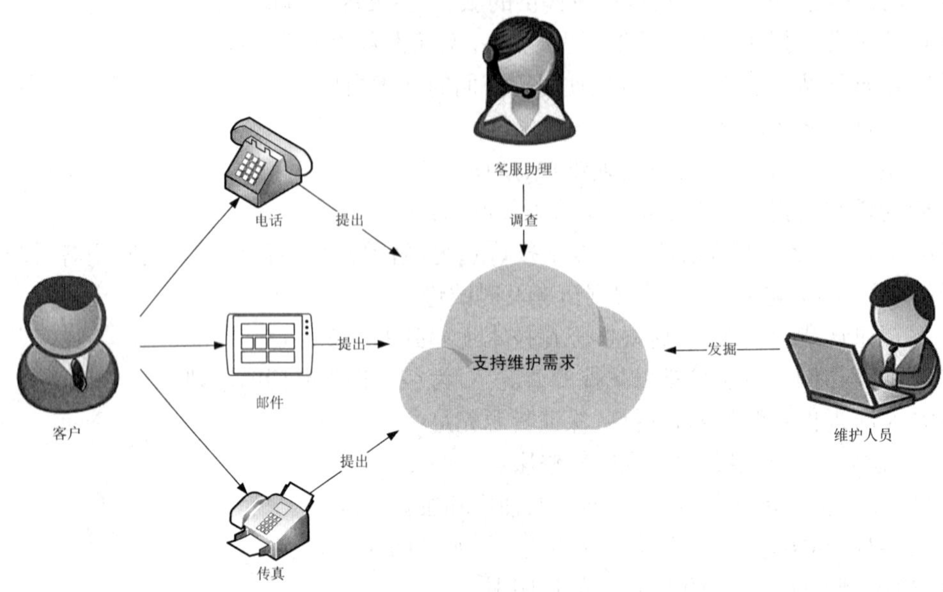

图 1-10 支持维护需求

大型公司一般有自己的售后服务网站,分为在线客服、常见问题解答、信息报导、客户投诉中心、关于我们、用户登录和客户留言等模块,详细如图 1-11 所示。在设计售后服务内容时,大致也要考虑这些模块。或者顾客直接在网站上进行售后申请时,也可参考以下架构。

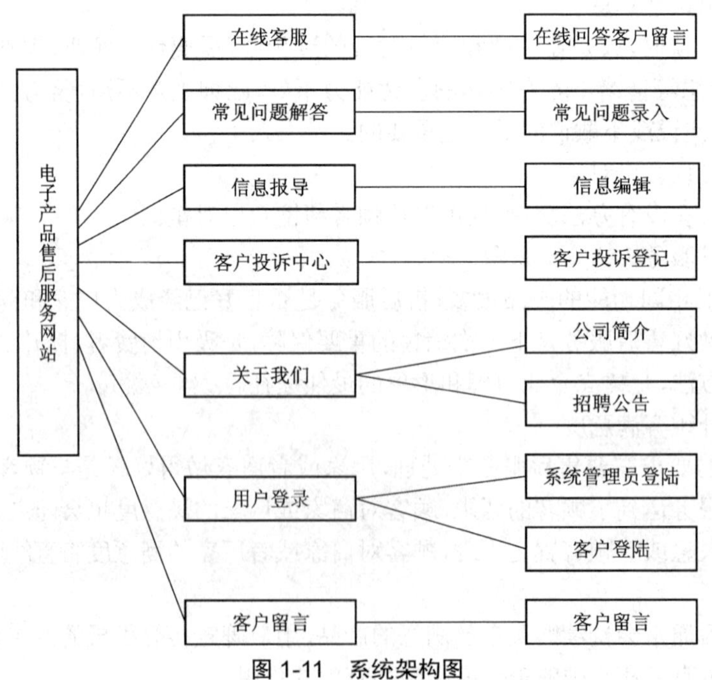

图 1-11 系统架构图

4. 参考案例

为了让学生更加清楚地了解实践流程(图 1-12),请仔细阅读本案例。

图 1-12　项目实践流程

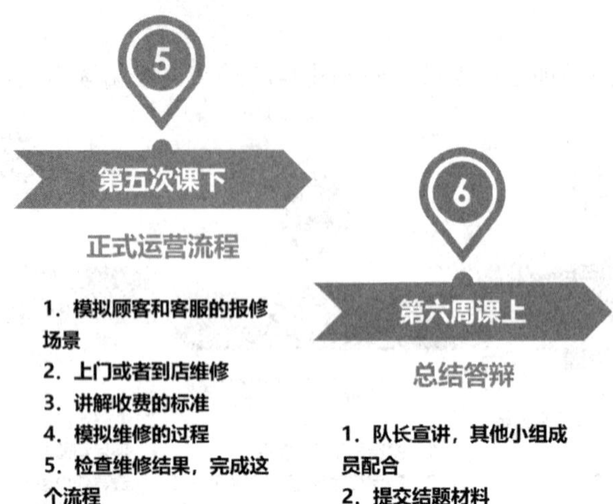

图 1-12 项目实践流程(续)

方案项目:某电脑品牌售后服务

项目参与小组:物联网应用 1704 班 D 小组

项目指导老师:秦老师

项目开展时间:第 7 至 9 周

项目开展过程简述(按行课周):

<table>
<tr><td colspan="3">第一周课前有话:
1. 什么是岗位调查?
2. 撰写岗位职责报告需要准备哪些资料?
3. 组织行为学能否帮助我们团队?
4. 为什么要强调思维模式的重要性?
本周需要关注的能力点:信息处理、文档编写、解决问题的能力。</td></tr>
<tr><td>实施步骤</td><td>主要内容</td><td>教师评价</td></tr>
<tr><td>筹备会议</td><td>解决以下问题:
1. 解决相关问题需要哪些岗位的配合?
2. 各个岗位的分工有什么不同?
参考:店长管理整个服务点,客服主要和顾客进行电话或者线上沟通,营业员负责线下接待和财务结算,技术支持负责解决电脑问题。
3. 岗位职责如何划分?
参考:岗位职责参考小知识。</td><td></td></tr>
</table>

预期 意义	1. 本组为什么要选择这些岗位？ 参考：这是一个服务站的基本配置，这些岗位都对本项目具有一定针对性。 2. 这些岗位具有哪些意义？ 参考：将项目细分为合作管理、专项管理加合作管理，责任到人。 3. 你预计各个岗位能锻炼本组什么样的关键能力呢？ 参考：交流能力、应变能力、合作能力、管理能力、自我学习能力、动手能力。 **小知识** 你了解售后技术工程师这个职位么？ **自动化工程师**　**4000~6000** 元/月 自动化工程师售后技术人员 **图 1-13　某求职网上的自动化工程师售后技术人员收入** 岗位职责 ●负责公司自动化仪器仪表、PLC 产品售前、售后的技术支持工作； ●负责帮助用户撰写售前、售后系统方案，与用户做技术交流； ●撰写标书技术部分以及答疑、应标、数据网络的规划等；参加公司投标项目； ●负责对合作伙伴和最终用户进行产品、业务的培训； ●负责帮助销售人员共同推广公司产品。 任职资格 ●电气、仪表、自动化专业本科以上学历，应届往届毕业生均可； ●熟悉 AutoCAD 制图，会 PLC 编程，熟悉西门子等著名品牌电子仪器； ●有良好的表达能力和较强的沟通能力； ●熟悉国外大型控制系统及传动者优先。	
资源 准备	1. 除了书上为本组提供的知识资源以外，还应该学习些什么？ 参考：财务管理、团队管理知识。 2. 可以去哪里学习上述知识？ 参考：网上查找、图书馆借书、询问有关人士。	

<table>
<tr>
<td>集中
研讨会</td>
<td>
1. 是不是应该制定岗位职责？
参考：应该了解清楚职责才能更加准确地分工小组任务。
2. 是不是应该讨论岗位分工？
参考：应该讨论后才能了解队员的能力、意愿，才能有效并融洽地完成小组岗位分工。

小知识

关于岗位的职责分工
店长：
●保障公司的财产以及资金安全；
●协调人际关系，员工之间保持良好的合作关系，员工对客人有着优良的服务态度；
●执行与实施活动，根据需求制定规划，配合团队行动落实最终目标；
●合理地配置资源，调配与管理商品；
●需处理反馈回来的意见及投诉，提升顾客的满意度；
●根据市场变化，提出适合自家产品的策略与建议；
●评估和考核员工的日常工作，表彰优秀员工，监督、督促落后员工；
●提高员工工作效率，为员工提供正面的引导以及知识技能的教学；
●打造舒适干净的店铺环境，营造良好的工作氛围以及设备的维修处理，确保一切运转正常；
●即时解决工作问题，完成员工提出的合理需求；
●督促员工工作和监督活动流程，保证工作质量以及活动的顺利完成；
●定时做好公司形象的宣传活动，增强店铺影响力，提升公司形象；
●整理核对账目。
客服：
●熟练掌握公司的新政策、新业务；
●正确受理客户申请的业务、客户投诉电话并准确记录投诉内容，将其他岗位协助受理的业务生成电子工单并交给相关组；
●使用多渠道方式（如电话、短信、邮件等）与客户进行沟通，达到服务目的；
●正确处理用户的咨询与投诉，做好用户的障碍申报与派单，总结反馈用户的建议与意见并记录，便于开会时汇报；
●接听电话语气温和，开头语“您好！这里是 ×× 公司的客服，请问有什么可以帮您”；
●登记接听记录，填写维修单，不管客户来电咨询维修或投诉，应按来电需求登记在本，并说明原因或处理情况；
●统计维修单；
</td>
<td></td>
</tr>
</table>

●回访已交回维修单客户（回访服务态度、产品质量和收费价格合理等情况），记录回访登记本；

●跟踪和处理客户的各种问题。

营业员：

●协助店长制定售后服务制度；

●整理和分析售后服务过程中反馈的需求和信息；

●定期回访客户，保证售后服务质量；

●对售后服务方案的不足之处进行改善；

●随时搜集并登记客户信息资料；

●建立客户信息库，便于调用客户信息；

●维修完毕后费用的收取；

●维修之后发票的开取。

技术支持：

●熟练完成各类客户问答培训及产品售后服务工作；

●定期完成量化的工作要求，能独立处理和解决所负责的客户或者任务；

●撰写实施方案，实施部署及故障排查产品；

●解答客户的有关技术方面问题，为顾客提供升级技术服务；

●在客户需要时，上门对产品进行维修清理、软件升级等工作。

3. 在这个实践项目中，我的职责（分工）是什么？

参考：以店长为例，跟进小组项目进度，协调好组员关系，合理分配资源，在大体上观察市场走势，督促组员工作，核对账单。

4. 队友们的职责（分工）是什么？

参考：完成各自的相应任务，配合有关组员完成业务，完成项目细分的任务。

5. 这次项目中，我准备如何协助队友们完成小组的任务？

参考：时刻了解队员任务进度，亲自了解问题所在，协调好各组员之间的关系。

准备第一次宣讲

1. 第一次宣讲需要准备些什么资料？请列出准备清单（表1-2）。

表1-2　准备资料清单

准备材料名称	件数	负责人
项目PPT	1	队长
宣传视频	1	技术支持

2. 如何展示我们的初始计划？

参考：展现有关PPT，宣讲人须讲明项目背景、前景、优势、现有资源或进度、未来发展和成本等，可配合项目Word、Excel文件详细介绍本项目初始计划。

3. 我们组是怎么选定宣讲人的？

参考：先组内推荐，组长在生活中实时观察，挑选擅长交流，能应对较大场面的人。

总结

项目进行到目前这个阶段，该总结些什么内容？

请在此处附上总结。

参考：这次演讲，我们组没有准备充分，主要表现在分工不明确，职责不清晰。有些同学不满意当前的岗位。这就需要组员根据各自的爱好、能力和激励机制，进行相关的沟通协调，确定相应的岗位（表 1-3）。

表 1-3 岗位及其职责表

姓名	职务	分管工作	联系方式
×××	店长	管理整个团队和服务点	×××××
YYY	客服	受理客户申请的业务、客户投诉电话并准确记录投诉内容	×××××
ZZZ	客服	做好用户的咨询与投诉处理，做好用户的障碍申告与派单，总结反馈用户的建议与意见	×××××
AAA	营业员	协助实施店长制定售后服务制度，建立客户信息库，便于调用客户信息	×××××
BBB	技术支持	实施方案撰写，产品的实施部署及故障排查	×××××
CCC	技术支持	解答客户的有关技术方面问题，为顾客提供技术升级服务	×××××

第二周课前有话：

1. 经营内容怎么确定？
2. 经营内容主要有哪些？

本周需要关注的能力点：自我学习能力和与人交流能力。

实施步骤	主要内容	教师评价

经营内容确定记录

1. 通过哪些渠道去了解经营内容？

参考：网上查阅资料，图书馆查找相关书籍。

2. 如何确定小组的经营内容？

参考：了解小组任务，类比现有类似的案例，了解相关业务。

小知识

岗位所涉及业务：

●销售部：负责产品售后服务的组织及实施，将顾客反馈的信息反馈至相应的部门进行分析处理。

●技术部和质检部：负责对退货产品质量责任进行鉴别与记录。在接到销售部反馈的信息后，对不合格品进行分析，查找造成不合格的原因，解决方案（如返工、返修等），并由质检部做好检验记录，将反馈的不合格情况统计于《不合格品统计表》中。

●生产部：负责对退货产品进行服务及管理。根据技术部和质检部作出的解决方案，安排作业人员返工、返修等。

<table>
<tr><td>难点自析</td><td>1. 通过确定经营内容，本组发现初始计划中有哪些工作难度较大？
参考：与客户距离的问题，很多上门服务都会出现超时差评；配件供应慢。
2. 在项目实施的过程中，本组可能碰到什么样的困难？
参考：可能会碰到无理客户；小组人员不够；超出服务点技术支持的能力范围。
3. 本组是否有应对这些困难的准备？
参考：锻炼客服的交流能力；靠推荐或者校园招聘，招收能够胜任相关职位的人员。</td><td></td></tr>
<tr><td>请求协助</td><td>1. 当本组遇到困难无法解决时，该向谁求助呢？
参考：通过网络咨询或者求助相关的老师。
2. 有哪些方法能够帮助我成功得到他人的帮助？
参考：上门拜访有过相关经验的人，多次询问设备供应商；聘请有关人士询问。
3. 向他人求助时，我要注意哪些细节呢？
参考：语言礼仪、场合、时机等。</td><td></td></tr>
<tr><td>集中研讨会</td><td>1. 是不是该讨论第一次实践的任务安排？
参考：第一次实践的任务有岗位设置和岗位职责。
2. 是不是该讨论第一次实践的人员安排？
参考：第一次实践需要进行人员分工和下一阶段任务的准备。
请在此处附上集中研讨会会议纪要及计划表：

研讨会纪要
时间：某年某月某日
主持人：×××
出席人：yyy，aaa，bbb，ccc

此次会议主要有三个内容：
1. 听取各岗位人员汇报现状；
2. 展现成员各自的能力；
3. 后期安排、分工，制定计划。

会议内容：
某年某月某日，在何地，由 ××× 召开第一次小队实践安排及未来发展会议，会议总结了项目现有资源，了解项目成员的各自能力，对此进行人员的分工；会议最后由 ××× 对项目未来发展进行规划并制定计划。</td><td></td></tr>
<tr><td>讨论</td><td>1. 如何规范收取费用？
参考：查询有关规定收费项，了解相关行业收费。
2. 在实施的过程中可能遇到什么样的问题？
参考：成员关系矛盾和市场反应不良。
3. 我们可以采取哪些措施去解决这些潜在的问题？
参考：调解成员关系或者有针对性更改收费标准。</td><td></td></tr>
</table>

第三周课前有话：
1. 什么是价格表？
2. 撰写价格表之前应了解什么？
本周需要关注的能力点：自我学习能力和与人交流能力。

实施后阶段总结会

请在此处附上收费价格表：
参考：见表 1-4。

表 1-4　电脑维修维护服务价格表

<table>
<tr><td rowspan="9">硬件服务</td><td rowspan="5">台式电脑</td><td colspan="2">硬件故障诊断</td><td>30 元 / 台起</td></tr>
<tr><td colspan="2">硬件故障诊断并排除</td><td>40 元 / 台起</td></tr>
<tr><td colspan="2">各种硬件及外设连接或安装</td><td>40 元 / 台起</td></tr>
<tr><td colspan="2">清洁、保养、除尘、降噪</td><td>40 元 / 台起</td></tr>
<tr><td colspan="2">显示器维修</td><td>100 元 / 台起</td></tr>
<tr><td rowspan="4">笔记本 / 一体机</td><td colspan="2">硬件故障诊断</td><td>40 元 / 台起</td></tr>
<tr><td colspan="2">硬件故障诊断并排除</td><td>50 元 / 台起</td></tr>
<tr><td colspan="2">各种硬件及外设连接或安装</td><td>50 元 / 台起</td></tr>
<tr><td colspan="2">清洁、保养、除尘、降噪</td><td>100 元 / 台起</td></tr>
<tr><td rowspan="13">软件服务</td><td rowspan="6">操作系统安装与调试优化（包含系统驱动程序及常用软件）</td><td rowspan="3">台式电脑</td><td>Win XP</td><td>30 元 / 台起</td></tr>
<tr><td>Win7</td><td>50 元 / 台起</td></tr>
<tr><td>Win10</td><td>150 元 / 台起</td></tr>
<tr><td rowspan="3">笔记本 / 一体机</td><td>Win XP</td><td>40 元 / 台起</td></tr>
<tr><td>Win7</td><td>60 元 / 台起</td></tr>
<tr><td>Win10</td><td>200 元 / 台起</td></tr>
<tr><td colspan="3">一般软件故障的诊断并排除</td><td>30 元 / 台起</td></tr>
<tr><td colspan="3">专业软件安装（自备正版安装程序）</td><td>30 元 / 台起</td></tr>
<tr><td colspan="3">驱动程序安装</td><td>30 元 / 台起</td></tr>
<tr><td colspan="3">系统病毒查杀</td><td>50 元 / 台起</td></tr>
<tr><td colspan="3">系统开机密码恢复</td><td>30 元 / 台起</td></tr>
<tr><td colspan="3">多操作系统安装与调试</td><td>100 元 / 台起</td></tr>
<tr><td colspan="3">硬盘数据恢复</td><td>500 元 / 硬盘起</td></tr>
<tr><td rowspan="4">上门服务</td><td colspan="3">上门基本服务费</td><td>30 元 / 次起</td></tr>
<tr><td colspan="3">局域网布线</td><td>40 元 / 线起</td></tr>
<tr><td colspan="3">MODEM、路由器、交换机配置</td><td>50 元 / 次起</td></tr>
<tr><td colspan="3">多台电脑共享设置、打印机、传真机配置</td><td>40 元 / 台起</td></tr>
</table>

续表

备注	
备注	1. 以上各项费用均不含材料费用（材料费用另行商定）。
	2. 本店将尽可能保障所服务机械内的数据完整，但不为此负任何责任。
	3. 操作系统安装、杀毒等软件问题恕无保修期。（自备正版）
	4. 上门服务按上门基本服务费 + 实际故障处理费计算。上门基本服务费起价 30 元，另根据距离上浮。
	5. 顾客要求只检查确认故障但不处理的，或本店已经检查出故障，但因为材料价格等原因双方无法达成一致，顾客决定它处另行维修的，将根据故障检测难易程度收取检测费 20~50 元。
	6. 顾客有选择服务的权利。但选择在本店接受电脑服务即表示接受上述价格及条款。

小知识

保质期的问题

在“三包”保质期中，由于产品自身质量问题导致的故障维修和更换零件可免费享受硬件服务，但因用户使用不当造成的损坏是需要额外付费的，如显示屏被摔破裂，进水；在过保情况下，产品无法修复需返厂时，顾客应交付运送费，视距离远近定价。

无论是为保质期内，或非保质期内，清理灰尘以及散热风扇的维护都是收费的。

对于装系统：如果出厂前装有系统，重装系统是免费的；出厂前没有系统，重装系统是收费的。

实施

实施过程记录（表 1-5、1-6）：

表 1-5　实施过程记录表

工作子项名称	所遇问题	解决办法
调研表	问题不专业	了解相似调研表
文档打印	资金不足	纸质转移网络问卷

表 1-6　客户投诉记录表

客户：	投诉号：	收到日期：	
客户联系方式：			
投诉处理人员：			
投诉具体内容			
		记录人：	时间：
投诉处理过程：			
		记录人：	时间：
投诉处理结果：			
		记录人：	时间：
备注：			
		记录人：	时间：

小结	请在此处附上总结。 这次项目实施中，我总结了哪些经验？ 1. 团队效益需要有合适的成员搭配； 2. 查询资料可以通过多种渠道获取知识，如网络、书本等。 **小知识** 三包服务详细规定	

《中华人民共和国产品质量法》《中华人民共和国消费者权益保护法》对于电子产品的三包服务有非常详细的规定。

●三包有效期自开具发票之日起计算，扣除因修理占用和无零配件待修的时间。三包有效期内消费者凭发票及三包凭证办理修理、换货、退货。

●产品自售出之日起7日内，发生性能故障，消费者可以选择退货、换货或修理。退货时，销售者应当按发票价格一次退清货款，然后依法向生产者、供货者追偿或者按购销合同办理。

●产品自售出之日起15日内，发生性能故障，消费者可选择换货或者修理。换货时，销售者应当免费为消费者调换同型号、同规格的产品，然后依法向生产者、供货者追偿或者按购销合同办理。

●在三包有效期内，修理两次，仍不能正常使用的产品，凭修理者提供的修理记录和证明，由销售者负责为消费者免费调换同型号、同规格的产品或者按有关规定退货，然后依法向生产者、供货者追偿或者按购销合同办理。

●在三包有效期内，因生产者未供应零配件，自送修之日起超过90日未修好的，修理者应当在修理状况中注明，销售者凭此据免费为消费者调换同型号、同规格产品，然后依法向生产者、供货者追偿或者按购销合同办理。因修理者自身原因使修理期超过30日的，由其免费为消费者调换同型号、同规格产品，费用由修理者承担。

●在三包有效期内，符合换货条件的，销售者因无同型号、同规格产品，消费者不愿调换其他型号、规格产品而要求退货的，销售者应当予以退货；有同型号、同规格产品，消费者不愿调换而要求退货的，销售者应当予以退货，对已使用过的商品按本规定收取折旧费。折旧费计算自开具发票之日起至退货之日止，其中应当扣除修理占用和待修的时间。

●在三包有效期内，除因消费者使用保管不当致使产品不能正常使用外，由修理者免费修理（包括材料费和工时费）。对应当进行三包的大件产品，修理者应当提供合理的运输费用，然后依法向生产者或者销售者追偿，或者按合同办理。

第四周课前有话：

1. 如何制定培训计划？

2. 如何进行售后服务维修表的制作？

3. 关键词：资料整理。

本周需要关注的能力点：自我学习能力、与人交流能力和信息处理。

实施过程材料整理

表1-7　培训计划表

时间	内容	对象	地点
××××.××.××	系统和软件维护	新用户	培训部
××××.××.××	硬件的保养和维护	新用户	培训部
××××.××.××			
××××.××.××			

<table>
<tr><td>实施过程问题归因</td><td>1. 本组在项目实施的过程中有哪些不尽人意的地方？
参考：很多地方都是第一次做，会做很多无用功；成员间交流还是不够。
2. 我所做的工作中有哪些不太令人满意之处？
参考：文案编辑版式不好；实施中，用户的体验不是很好。
3. 造成这些结果的原因可能有哪些？
参考：有关人员的相关知识经验不够；第一次实施任务不熟，课前功课做得少。</td><td></td></tr>
<tr><td>集中研讨会</td><td>请在此处附上讨论结果：
1. 组内如何找到所面临问题的解决方法？
参考：各自发表、总结一下自己这几周的工作收获；分析市场前景。
2. 组内对下一次实施方案的细则是否进行了讨论？请简述。
参考：初阶段有哪些地方对下一次方案作出了铺垫；如有人员变动可提出申请并一起讨论。</td><td></td></tr>
<tr><td>项目推进会</td><td>小知识

表 1-8　售后服务记录单
<table>
<tr><th>登记时间</th><th>x 年 y 月 z 日</th><th>客户姓名</th><th>×××</th></tr>
<tr><td>电脑型号</td><td colspan="3">AAA</td></tr>
<tr><td>故障原因</td><td colspan="3">电池损坏</td></tr>
<tr><td>维修建议</td><td colspan="3">更换电池</td></tr>
<tr><td>维修结果</td><td colspan="3">电脑可启动</td></tr>
<tr><td>备注</td><td colspan="3">新电池由 BBB 提供</td></tr>
</table>
参考：
培训计划制定步骤：
●分析并确定培训需求；
●分析数据，总结差距和根源，明确组织能力、员工技能与业务目标的差距，明确培训项目信息（培训月份、培训类型、培训名称、参加人员范围、重点参加人员、费用预算）；
●确定培训解决方案；
●培训计划的沟通与确认。</td><td></td></tr>
</table>

<table>
<tr><td colspan="3">第五周课前有话：
1. 什么是售后回访表？
2. 撰写售后回访表需要准备哪些资料？
3. 为什么要撰写售后回访表？
本周需要关注的能力点：自我学习能力和与人交流能力。</td></tr>
<tr><td>实施步骤</td><td>主要内容</td><td>教师评价</td></tr>
<tr><td>售后回访表</td><td>售后回访表模板：
为了增强服务质量，希望您认真配合我们的调查，十分感谢您对我们的支持。
Q1：姓名：
Q2：客户联系方式：
Q3：年龄：
Q4：性别：
□男
□女
Q5：店铺类型
□白金店
□代理
Q6：项目
□电脑售后
Q7：店铺地址
____________省____________市____________街____________号
Q8：您对我们售后服务整体感觉如何？
□非常满意
□满意
□一般
□不满意
Q9：您多久会主动联系我们客服？
□保证一个月一次
□有事情才联系
□从不联系
□其他
Q10：您对电话客服的服务态度是否满意？
□非常满意
□满意
□一般
□不满意
Q11：电话客户服务用语是否标准？
□非常标准
□标准
□一般
□不标准</td><td></td></tr>
</table>

<table>
<tr><td>回访
汇总</td><td>Q12:您希望我们多久进行一次回访
□一个月 3 次
□一个月 2 次
□不需要
Q13:维修师傅是否认真给您解决问题
□非常认真
□认真
□一般
□不理会

根据模板撰写本组回访表:
参考:见售后回访模板。

请将回访表汇总后的修改计划或策略记录在下:
参考:增加顾客意见。</td><td></td></tr>
<tr><td>集中
研讨
会</td><td>1. 我们存在的问题?
参考:调查人群不大;调查人员不多;调查数据不够真实。
2. 如何改进?
参考:采用书面和网络调查;改进调查问卷;增加多种调查方式

小知识
售后危机应对
●耐心倾听
客户购买产品之后,在使用的过程中出现了问题,导致产品不能正常使用。客户会通过各种渠道(电话、邮件、信访等)抱怨对产品的不满。无论客户是通过哪种渠道投诉,永远记住,不要争辩,要耐心地倾听,把客户的问题点梳理出来,在适当时机表达你的观点。
●勇于认错
不能与顾客发脾气,控制自己的情绪,做一名高情商的销售。即使顾客很生气,你也要耐心接受,不要过分辩解,勇于认错。尊重顾客是一名合格的销售所具备的必要素质,就算顾客误解了你,你仍然要安静倾听顾客的诉求,可能在你的耐心解释下,顾客的气就消了,所遇到的麻烦全迎刃而解。若你一再辩解,可能会再次激怒顾客,使其更加严重地表达出不满,这样就会增加顾客的流失。
●提供解决方案</td><td></td></tr>
</table>

（1）首先我们要判断顾客不满意的原因。如果产品本身存在质量问题，应该要诚恳地向客户表示歉意，并在约定期间尽快帮客户把问题处理好。

（2）如果通过检测，发现这是人为原因造成的。首先，要肯定客户对我们公司产品的认可，感谢客户对我们产品的支持；其次，向客户说明问题原因，并说明这类问题不在我们的保修范围之内，如果是不严重的问题，可以帮忙解决。如果需要更换配件，需要按照收费标准进行相关费用的收取。

第六周课前有话：

1. 结题报告如何撰写？
2. 结题答辩应该注意什么？
3. 关键词：结题。

本周需要关注的能力点：自我学习能力和与人交流能力。

最终反思

1. 在实施过程中，我们的目标是否因为主观原因被迫降低了？

参考：是人、资金等问题；因初期无经验定下的计划，使得我们减小了覆盖面积。

2. 整个项目过程中我们的动力是否还一如既往？

参考：在初期我们有很大的动力，但是任务期因为压力、分工等问题，小组成员关系一度恶化，小组队长经老师的多次辅导，再辅导小组成员，最终重振小组气势。

结题答辩准备

表 1-9　结题准备资料清单

准备材料名称	件数	负责人
项目 Word	一份	XXX
项目展现 PPT	一份	YYY
调查问卷	一份	ZZZ
售后回访表	一份	AAA
价格表	一份	BBB
岗位职责	一份	CCC
分工表	一份	YYY
个人项目报告	一份	XXX

结题答辩

结题答辩记录。

老师提问：

1. 调查人群过于单一，如何解决？
2. 价格定的怎样让顾客信服？

回答：

1. 进行网上调查。
2. 价格参考法律有关规定及地区平均价格。

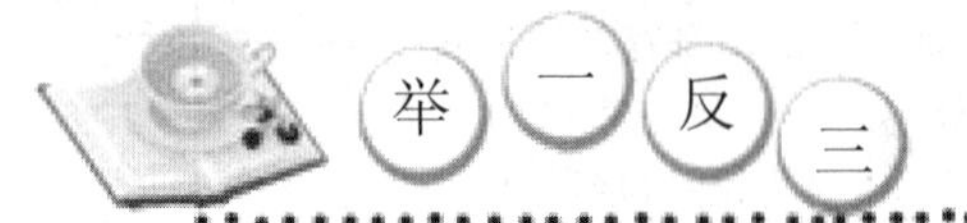

请学有余力的小组完成以下职业关键能力训练项目：

某汽车品牌的售后

（1）什么是售后，它的定义是什么？

（2）售后服务中亲历者们面临了哪些问题？

（3）我们想要去研究哪个问题？

例子：原 ×× 汽车的用户们对 4S 店售后服务的感受，从中寻找出我们可以研究和实践的关键点。（调研→汇总→设计→实践）

按照以上话题材料，寻找售后服务的一个角度，采取职业关键能力的训练方法和最终要求，进行此次项目实践。

学有余力的同学，还可以选修以下课程：

名称	作者	出版社	ISBN	图书封面
《电子产品售前售后服务项目教程》	邓新军	机械工业出版社	9787111507413	
《电子产品售后服务实施 2000 版 ISO 9001 标准指南》	邢伟	中国标准出版社	9787506638913	
《售后服务管理实操细节》	高哲鹏等	广东经济出版社	9787807284727	

项目二　传统服务类企业信息化改造的解决方案

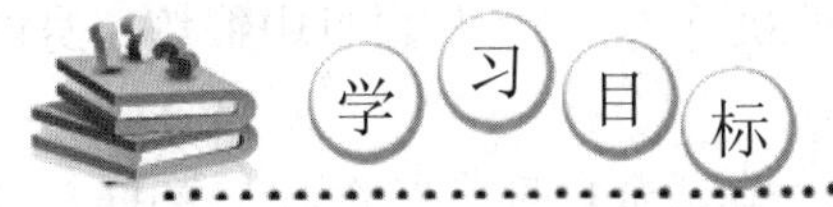

自21世纪以来，随着计算机和网络的高速发展和普及，越来越多的行业因信息技术的发展而获得新生，例如电子商务、网约车、远程医疗和在线教育等。但依然还有许多行业和企业在经营过程中的信息化程度较低，传统服务业便是其中之一。

受限于管理者的知识背景，大多数传统服务类企业并不能依靠自身完成信息化改造，从而必须依托于专业从事此项业务的公司。

在信息化服务公司为传统服务类企业设计信息化解决方案的过程中，从业者除了需要具备较强的专业技能外，更需要具备较强的职业关键能力。例如，当客户不理解信息化改造所需要的成本时，如何向其解释？当客户不理解其中的付费项目时，又如何解释？当竞争企业向客户提供其他解决方案时，如何说服客户最终接受你们公司所制定的解决方案？这些都需要通过职业关键能力的学习与训练来获得。

在实际的职位设置中，公司通常会将其冠以“售前技术支持工程师”或“售前顾问”的名称，这类岗位对于求职者的要求较高，待遇也较好。

通过本项目的实践，应该达到以下学习目标（图2-1）：

图2-1　需要达到的学习目标

●自我学习（要求效果）：①学会如何提升学习效率；②学会进行科学的自我评估，并能根据评估结果列出改进计划;③学会总结出一套适合自己的学习方法。

●与人交流(危机应变):①进行熟练的即兴演讲;②能够根据不同对象,敏锐地调整交流方式;③能够熟练利用图表、PPT 等方式阐述自己的观点;④能够在发生交流障碍的时候,使用恰当的方法化解难题,具备极强的应变能力。

●与人合作(领导力提升):①学会如何科学地挑选团队组成人员;②学会充分借用伙伴资源;③学会寻求三方合作伙伴;④学会寻求上级的支持。

●数字应用(归纳提炼):①能够建立简单的数学模型;②能对数据进行深度分析;③能使用办公软件中的公式进行计算;④能够对结果进行归纳总结并形成报告。

●信息处理(信息辨别):①能够处理冗长的信息;②能进行信息分类、归纳;③能通过非语言文字渠道获取信息;④具备多类信息的综合能力。

●问题解决(决策能力):①能从项目中提升自身的执行力;②能从项目中锻炼自身的韧性;③能具备多方案解决问题的能力;④训练决策能力。

●思维模式:①能绘制思维导图、鱼骨图等;②形成一套适合自身特点的思维模式。

此外,你还能从中学会如何撰写解决方案,了解企业信息化改造过程中所遇到的种种问题,为今后从事信息化类岗位打下基础。

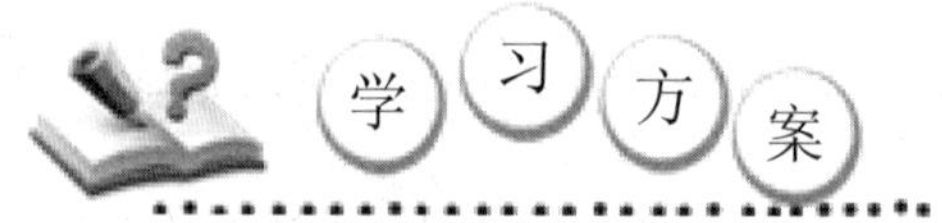

1. 职业关键能力的训练闭环

职业关键能力的训练闭环如图 2-2 所示。

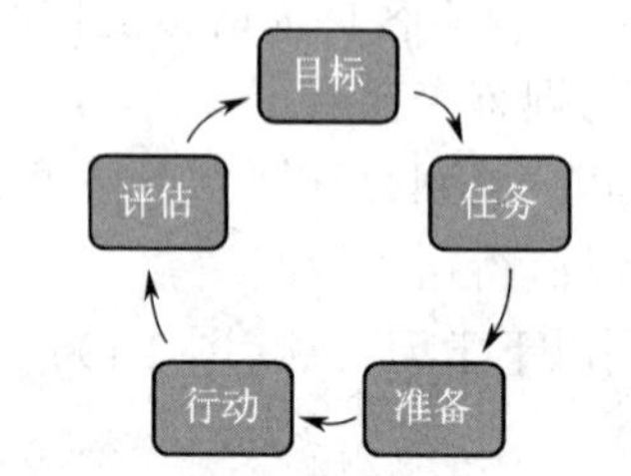

图 2-2 职业关键能力的训练闭环

2. 本项目的训练参考流程

本项目:“传统服务类企业信息化改造的解决方案”可以参照图 2-3 开展。

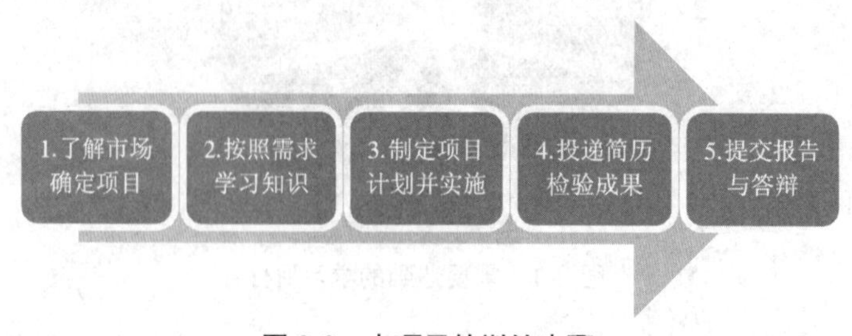

图 2-3 本项目的训练步骤

第一步：实践小组首先需要在网上查询与本项目相关的职位在当地的具体情况，包括需求量、职位具体能力要求、薪资水平等，随后定下项目的具体题目，如“某餐饮集团信息化改造解决方案”“某教育集团信息化改造解决方案”“某娱乐集团信息化改造解决方案”和“某批发市场信息化改造解决方案”，并寻找此类“客户”群体；

第二步：按照具体题目进行知识准备，例如企业信息化改造的基本知识、解决方案设计的基本知识、学习如何制定工作计划等；

第三步：按计划实施，与客户进行对接交流，搞清楚客户对信息化改造的具体要求，根据需求完成信息化改造解决方案的初稿。此步骤将会多次重复；

第四步：训练好能力后，制作简历，将简历投递到第一步中寻找到的心仪的目标企业，检验自身能力水平；

第五步：①反馈第四步的简历投递情况；②将项目进展和初期成果制作宣讲 PPT，在班级上宣讲，根据宣讲情况再次进行客户调查，最终形成信息化改造解决方案终稿；③上交解决方案报告、项目结题报告和本书需要填写的项目过程记录部分。

本步骤仅作为参考，在项目实施过程中若遇到突发的情况，教师或学生可根据情况进行调整。

1. 情景导入

在本项目中，学生将扮演 F 小组的成员，制定适合该企业的信息化改造解决方案，赢得客户信任并最终获得此项目的开发资格。情景导入如图 2-4 所示。

图 2-4 情景导入

2. 成果要求

学生需提交材料见表 2-1。

表 2-1　学生需提交材料列表

所需材料名称	数量
企业信息化改造解决方案报告	1 份
职业关键能力项目结题报告	1 份
结题汇报 PPT	1 份
汇报录像	1 份
佐证材料(图片、调查表等)	不限
完成本项目任务实施部分	所有要求填写的内容

解决方案报告格式由各小组自定,在线简历自定,训练项目结题报告模板(见图 2-5)详见附件及课程资料包。

图 2-5　项目需完成的报告和某 App 在线简历

3. 知识准备

3.1　解决方案设计的基本概念

"解决方案"或称"整体解决方案"，是以客户的消费需求为中心，为满足客户的全方位需求而提出的一揽子方法的集合。随着产业的不断发展，各行各业对于产品的需求变得更为复杂和具体，单一的方案或产品已经不具备市场竞争力。虽然解决方案因行业的不同而有所区别，但其核心都是一样的——全方位地满足客户需求。

整体解决方案不仅提供定制化的产品，还提供相应的技术服务、维修保养服务、使用培训服务等后期服务。目的是为客户提供更优质、更有针对性的服务，并以此占领市场。"整体解决方案"的基础构成是"产品"，在其基础之上加入了各种附加的服务项目——由用户使用产品而派生出来的需求所创造出的其他衍生服务项目。

3.2　在进行解决方案设计时，设计师需要关注的几个细节

如何才能打造一套令客户满意的"整体解决方案"？读者可以关注以下几个细节。

解决方案中在产品设计的侧重点方面所需要考虑的细节。

产品的三个层次如下。

（1）核心利益层次：是指产品能够提供给消费者的最基础的功能，能满足消费者最基本的需求，如"汽车必须具备能够被人开走的功能，否则便不是汽车"。

（2）形式产品层次：是指产品在市场上出现时的具体形态，包括产品的品质、外形特征、式样、包装材料等方面，如"汽车需要有更为漂亮的外形和内饰，才能抓住客户的眼球"。

（3）附加产品层次：是指由产品的生产者或经营者为客户提供的其他服务，主要是帮助客户获取更好的体验，如"汽车厂商需要为客户提供优质的售后服务，才能免去客户的后顾之忧"。

当商业发展到如今这个阶段，产品的使用培训、产品的日常维护（保养）以及产品的后续升级这三点不仅仅决定着产品的市场竞争力，还占据了产品利润分成比重不低的一部分，甚至对于有的企业而言，这三点所获取的利润占其产品利润的全部（个别企业甚至愿意以低于成本的价格出售产品，而所有的利润都将从后续服务中获得）。故而企业要想使自己的"整体解决方案"能打动客户，以上几项都不得不考虑。

解决方案中对产品在交付过程所需要考虑的细节。

一个成熟的"整体解决方案"的构成必须还要解决用户在购买与使用产品时面对的所有困难，否则便毫无市场竞争力。

在通常情况下，产品的购买可以细分为订金支付（见图 2-6）、产品运输、产品安装（部署）这三个子阶段，而产品的使用阶段又可以分为使用培训、产品维护和后续升级这三个子阶段。每一个子阶段都面临着复杂的问题。

图 2-6 不同的支付方式

支付阶段的矛盾集中于企业货币要求与顾客货币现状在条件、形式上的差异。运输阶段企业最主要的任务除了减少客户的额外成本支出(除了费用等可见成本还包括体力、精力等不可见成本)外,更重要的是要符合客户所要求的时间、地点。安装(部署)阶段直接影响产品的全寿命周期成本,对于一些技术性要求较高,或是专业性较强的产品尤其明显。

这些矛盾的解决方法也都是需要在"整体解决方案"中进行通盘考虑。

4. 参考案例

项目案例:某餐饮管理公司信息化改造解决方案设计

项目简介:某餐饮管理公司位于西部著名的大型城市,近十年来不断发展,业务拓展极快,其下餐饮门店也从市区延伸到了开发新区和周边卫星城市,餐饮业态也从单纯的火锅连锁店,拓展为新式火锅、中式快餐、日韩料理、东南亚菜系等。但由于业务扩张较快,各门店的距离较远、经营模式差距较大等客观问题也开始呈现,直接导致公司的管理难度上升,经过几位股东的调研,发现传统的管理模式已经无法适应公司的实际情况,对市场变化的反应不及时,建议公司老板对企业进行信息化改造。

项目参与小组:物联网 1702 班 river 小组

项目指导老师:江老师

项目开展时间:第 7 至 12 周

注意事项:外出实践需购买意外保险。

依照图 2-7,现将该项目开展流程简述如下(按行课周)。

(1)第一周课上(任务:团队组建、网上职业调查、项目确定):river 小组由 5 位同学组成,除队长为学生报名外,各组成员由指导老师江老师以"选秀"的方式决定(类似 NBA 选秀,共设置 4 轮,由各组队长挑选组员)。小组长毛同学在"选秀"后正式定名为 river 小组,寓意日夜不停地前进。

小组中的每一位同学在网上进行调查后,对解决方案工程师这一职位的具体能力要求有了初步的认识,并依据企业对于这类职位的能力要求开始自学相关知识。

毛同学随后组织全组队员召开了第一次会议并定下了目标。最高目标为高质量完成解决方案设计报告、职业关键能力项目结题报告,项目得分全班第一,小组成员得分均为全班前十,并且在投递简历环节有 3 位以上的组员通过目标公司的简历筛选;最低目标为高质量完成解决方案设计报告、职业关键能力项目结题报告,项目得分高于全班平均分且无组员不及格,在投递简历环节至少有 1 位组员通过目标公司的简历筛选。与此同时,全组定下小组纪律“十条红线”，规范会议、实践、分工方面的责任，并明确要求各个组员必须在一天之内按照所查询的企业对于解决方案工程师的能力要求迅速了解相关知识构架，为转天的会议打下基础。

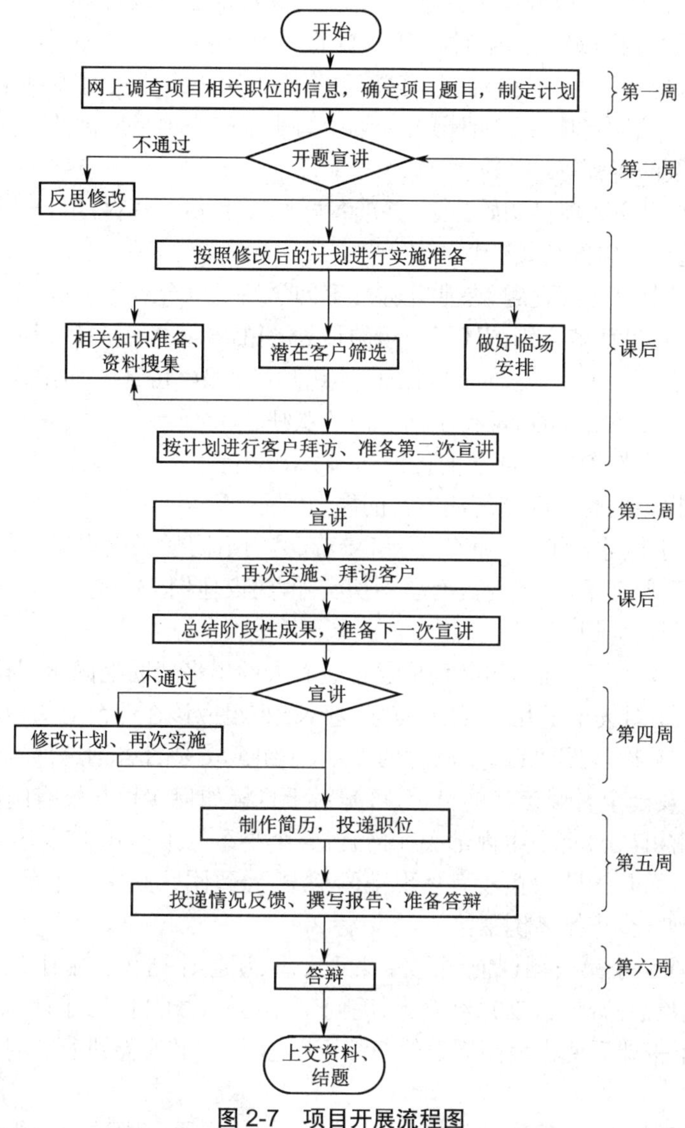

图 2-7　项目开展流程图

(2)第一周课后至第二周课前(任务:项目分析与初始计划制定):毛同学组织开展头脑风暴，通过一天的时间来对于企业信息化建设和解决方案设计有粗略认识，同学们开会分析项目所需的准备知识并决定以阿里巴巴“钉钉”作为信息化建设的工具，之后小组进行了学习分工:全员都需学习钉钉软件并要求小组所有人都用此软件进行交流;小 A、小 B 学习解决方案的基础知识;小 C 学习信息化建设的知识;小 D 作为临时秘书，学习办公相关知识，包括 PPT 的制作、会议纪要的记录、结题报告的撰写要领等;组长毛同学，则负责学习如何管理团队、制定计划、作出决策与客户联系等。毛同学规定，每位同学每天都必须在小组群中分享学习日记，并将自己认为关键（与项目密切相关）的知识点进行梳理，按照规定格式分享到工作群中。

经过 2 天的学习和使用“钉钉”软件，毛同学召集了一次学习分享会，会上小组中的每个同学都将自己所学的知识进行了分享，尤其是对软件的各个功能和“钉钉”所提供的现成模板进行了认真的分析，最终由临时秘书小 D 将学习资料汇总，形成小组学习备忘录。毛同学在会上规定，每周开一次这样的分享会，以不断加深小组成员对项目相关知识的理解。同时，river 小组开始制定项目初始计划，计划中写明了整个项目所需的时间、资源、分工、下一周具体实施阶段的步骤等。

周日，river 小组完成项目初始计划，并准备好 PPT 和相关资料，组长毛同学指定自己为本组的发言人，宣讲本组的初始计划。

（3）第二周课上（任务：开题、课堂宣讲）：毛同学站上讲台进行宣讲，由于具备较好的表达能力，毛同学在宣讲环节详细阐述了小组的计划，并提出将实践的目标放在学校周边的某一个真实存在的餐饮企业上，还向全班保证，本组项目不做“仿真”，而是要实打实地拿下这个餐饮企业的信息化改造工程，赢得了同学们的欢呼。

然而，在答辩环节，有一组同学的提问却向 river 小组“泼了一盆冷水”——“你们是否具备为实际企业提供信息化改造解决方案的能力？”

这一提问使得毛同学有一些底气不足，接着，另一组同学又提出质疑，认为他们没有进行充足的前期调查便定下这一目标，有些不切实际，建议他们先去前期调查一下有没有这样的餐饮企业愿意配合他们。

毛同学一时无法回答，而小组其他成员也没有人站出来帮助毛同学回答。随后，江老师对毛同学和 river 小组提出了几个问题：首先，river 小组应该在课前对周边的餐饮公司进行简单的意愿调查；其次，对于“钉钉”软件的使用，小组成员是否咨询过部署专家；再次，计划中只是简单地提及一个看似宏伟的目标，可是对于目标如何实现却没有阐明，不够落地；最后，江老师严肃指出，river 小组内部存在问题，整个小组的工作几乎都由组长一肩挑，其余同学没有参与感，而且团队决策没有体现集体意志，导致团队凝聚力不足。由于以上原因，river 小组得分较低，全班排名倒数第一。

（4）第二周课后至第三周课前（任务：课后反思、调整计划和实施计划）：毛同学和组内成员开了第一次反思总结会，在总结会上，毛同学深刻检讨了自己。随后，小组成员们共同商讨，决定今天下午课后便去校园周边的餐馆饭店走访，寻找有意进行信息化改造的餐饮店或餐饮公司。

经过几个小时的走访，终于有一家做串串香的餐饮店愿意尝试信息化改造，river 小组与他们约定，明天一早餐馆开门后再来进一步商讨具体细节，river 小组回到寝室后，连夜为明天的拜访做了准备。

次日，小组收拾好资料，集体拜访商家。从商家的口中得知，此商家隶属于一个小型餐饮公司，家族经营，大股东旗下共有三家店，分别经营新派自助火锅、大排档和日本料理，且三个店分布在城市中的不同区。由于家族化的管理模式，使得三家店的发展相对独立，虽然同属于一个餐饮公司，可是店内每日的账目、人事等数据都是每月才汇总到公司。在交谈中，大股东特别在意餐饮公司的即时管理，在他看来，即便三个店相距较远，他也应该随时能相对客观地掌握各家店的情况，而不是等到每一个月的碰头会才知道盈亏，同时，他也非常看重员工的考核工作，希望能在三家店对员工进行绩效考核。

针对对方的这一初衷，小组经过简单梳理后，认为是可以实现的，并与对方商定，一个星期之后将初步的解决方案框架设计出来。

回到学校后，river 小组开始分头行动，将该大股东的困惑和需求进行整理，再将困惑和需求分类、解构形成子任务，用图表的形式表达出来。小组五人分头将各个类型的子任务，在“钉钉”中寻找现成功能或设计自定义功能。

第二次课堂宣讲之前，river 小组将本周所有的实践经历和初步的解决方案设计 PPT 制作完毕，经过会议讨论，推举制作 PPT 的小 D 进行宣讲。

（5）第三周课上（任务：第二次课堂宣讲）：因为上一次课的宣讲失败，这一次 river 小组的宣讲准备较为充分。今天的宣讲，主要目的就是请老师和同学们对他们的工作提出意见和建议，用以指导小组改进解决方案。

在提问环节，有一个小组的同学提出，对象企业下辖三个品类不同的餐馆，各个餐馆的考勤要求应该是多样的，比如新派自助火锅，所在地为大学附近，因为周边的客户多为大学生，而自去年以来，各个学校加强宿舍管理，使绝大多数学生都必须在晚上十点半以前返回寝室，通常的营业时间应该是中午 11 点到晚上 10 点；而大排档坐落于市区“不夜城”，客户多为喜爱夜生活的人群，营业时间是晚上 6 点至第二天凌晨 3 点；而日本料理店则坐落于大型商场之中，商场的营业时间为上午 10 点至晚上 10 点，料理店的营业时间也必须在这个时间段之内。故而考勤功能的设计必须要考虑到各个店的特殊性。

另一组同学则提出，river 小组在应对客户所提出的人事忽略了“钉钉”软件。虽然客户没有提出人事方面的需求，可是作为家族企业，人事问题通常是普遍存在的，建议 river 小组去主动询问对方是否对于各店的人员招聘、薪资等情况要做一下规范，如果需要，是使用“智能人事”模块还是自定义其他模块。

而老师则认为 river 小组最大的问题在于没能将信息化改造所需的人力、时间、财力等成本用相对直白的图表展示出来，无法让对方直观了解整个项目的各项成本，容易产生误会，进而对后续的合作产生分歧。

小组同学仔细记录了老师和同学们的意见和建议，并连夜对初步解决方案设计进行修改。

（6）第三周课后至第四周课前（任务：计划的再次调整与实施）：经过对初步解决方案的修改，river 小组充满信心，在与对方约定好时间后进行实践分工：小 A 在“钉钉”上设计出演示版的功能模块用于现场演示；小 B 设计简单的功能模块使用流程；小 C 制作所需成本表和预计使用效果的小报告；小 D 和组长毛同学一起负责向客户展示并记录客户的意见和建议。

两天后，river 小组中的毛同学和小 D 一起去拜访了客户，将初步的解决方案设计以及演示模块展示给那位大股东，大股东对他们做的工作较为满意，不过却提出了一些疑惑。如，这个软件的使用是否需要培训，培训由谁来做？该软件的日常维护由谁来做？

毛同学和小 D 将股东的意见收集整理，返校后召开小组会。会上，对“钉钉”研究最为透彻的小 A 建议，联系“钉钉”当地的部署服务商来解决培训的问题，毛同学建议可以先知会该大股东，请他正在实习的小儿子作为管理员来进行日常维护并参与到他们小组的讨论。

一天后，他们联系了“钉钉”当地的部署服务商，部署服务商为他们指定了一位部署专员，专门对接此项目。部署专员与 river 小组接触之后，为他们制定了简单的服务方案，包括某些功能模块的设计、智能人事模块的使用、考勤功能的设置，并且推荐了几款性价比较高的付费模块。同时约定，若餐饮公司决定使用“钉钉”进行信息化改造，那对于他们员工的培训由部署专员来做，业绩自然也算在该部署专员的头上。

与部署专员交流之后，river 小组立刻修改了自己的解决方案，在当晚又与该大股东进行交流，对方对于这一次的方案较为满意，并原则上同意按此方案进行信息化改造。

再次汇报前一晚，river 小组将本周的工作制作成 PPT，并决定由最熟悉钉钉软件的小 A 担任宣讲者。

（7）第四周课上（任务：阶段性成果汇报、个人能力梳理）：小 A 的宣讲简明扼要，主要从钉钉的功能入手，阐述了 river 小组为该餐饮公司设计的所有功能模块的基本使用流程，最后又展示了他们的第二版解决方案。

但老师却对这一次的汇报不太满意，认为 river 小组的解决方案比较凌乱，需要调整各个部分的撰写顺序，而且 river 小组在解决方案中用过多篇幅来描述各个功能背后的技术手段，他认为是没有必要的。因为“钉钉”作为一款成熟的软件，很多功能都是封装好的，部署的时候不需要关心那些技术细节，过多描述客户看不见摸不着的这些技术细节，无助于客户理解，也无助于最后的信息化改造。

随后，小组成员要按照当初在招聘网站上查询到的企业对于解决方案工程师的能力要求进行自我对照，评估自身目前的能力符合度，为下一步填写在线简历做准备。

（8）第四周课后至第五周课前（任务：填写在线简历、投递目标企业、检验能力水平）：经过几周的训练，每一位组员都需要梳理自身的能力水平后进行在线简历填写和投递，组员们需要将自己在本次项目中所训练出的能力“恰当”地展现在在线简历中，投递一个自己目前能力所及且较为心仪的（实习）职位并等待简历的投递结果。

同时，整个小组开始准备撰写软件需求分析报告。

（9）第五周课上（任务：数据整理及软件需求分析报告撰写）：river 小组按照老师的建议修改了解决方案，并再次与大股东进行了交流，大股东对他们的工作非常满意，敲定了最终的信息化改造解决方案。

部分组员收到投递反馈，并被邀请参加企业面试，部分组员则被企业拒绝。

（10）第五周课后至第六周课前（任务：需求分析报告修改与结题答辩的准备工作）：这一周，river 小组进行最后的冲刺，小组开会过后决定，由小 C 和小 D 负责结题报告、结题宣讲的准备，小 A 会同小 B 完成信息化改造的功能演示视频录制，毛同学负责宣讲，所有工作务必要在上最后一次课的前两天完成。

（11）第六周课上（任务：结题宣讲、答辩并上交所有项目资料）：结题由组长毛同学负责宣讲，小组全体同学进行配合，主要分享项目本身以及应聘实践部分的结果，上交所有相关资料并最终结题。

<table>
<tr><td colspan="3">第一周 课前有话：
1. 什么是解决方案？什么是解决方案工程师？
2. 胜任解决方案工程师的工作需要具备哪些条件？
3. 传统企业的信息化改造通常涉及哪些方面的工作？
4. 自己准备好当一名解决方案工程师了吗？
本周需要关注的能力点：与人合作能力、与人交流能力、自我学习能力、信息处理能力和思维模式。</td></tr>
<tr><td>实施步骤</td><td>主要内容</td><td>教师评价</td></tr>
<tr><td>筹备会议</td><td>解决以下问题：
1. 什么是解决方案？什么是解决方案工程师？
你应该在查询资料后，用自己的语言进行描述。

2. 在你看来，企业信息化改造的解决方案可以包括哪些内容？列举一两点即可。

3. 在你看来，本项目的准备知识应该包括哪些？你是从什么渠道得知的？小组又该如何去分工学习准备知识？

4. 如何对市面上免费的企业信息化系统进行选择？这些现成的软件能否满足本小组的期望？

5. 请在小组内对以上 4 个问题进行小组讨论，组员需各自发表观点。</td><td></td></tr>
</table>

小知识

你知道解决方案工程师的薪资水平和岗位要求么？

招聘中
解决方案工程师 15000~25000
重庆•3~5 年•本科
五险一金 补充医疗保险 定期体检 全勤奖 年终奖 ……

招聘中
售前解决方案工程师 6000~10000
重庆•3~5 年•本科

招聘中
解决方案工程师 5000~10000
重庆•1~3 年•大专
五险一金 年终奖 带薪年假 员工旅游 节日福利

图 2-8 某求职网上与解决方案工作相关的职位需求情况

职责描述：

1. 负责技术及市场调研：收集相关项目的行业发展信息、竞争对手及用户信息，编写调研或分析报告；
2. 负责项目需求分析：与销售人员一起拜访客户，快速准确理解客户的需求，编写需求分析资料；
3. 负责技术方案编写：结合客户实际业务、行业特点，为客户提供合理的技术解决方案；
4. 负责售前技术支持：协助销售部门进行产品演示并讲解技术方案，用户现场答疑；编写投标技术解决方案等；
5. 参与投标活动，负责组织完成标前技术引导、技术方案编写、技术标书应答、标后技术讲解和技术答疑；
6. 负责产品演示及技术咨询：负责对用户的产品演示，用户使用及维护的培训、咨询等工作；
7. 负责客户需求反馈的整理、售前技术服务过程的信息记录以及售前过程文件的存档；
8. 负责对部门内售前支持相关业务 / 文档等的培训。

任职要求：

1. 全日制本科及以上学历，计算机、通信、自动化相关专业；
2. 五年以上相关工作经验，具备解决信息化方案编制、技术交流、方案演示答疑经验，具备教育行业、交通行业、政府及运营商相关领域售前能力者优先；
3. 具备技术方案和标书的撰写能力及相关资料的组织能力；
4. 学习能力强，具有良好的沟通及团队能力，责任心强。

图 2-9 某求职网上对该职位的岗位职责要求

项目选题	1. 本项目中，老师给出的项目结题标准是什么？请罗列： 2. 本组的项目名称是什么？是否进行过前期调研？是从哪些方面进行调研的？	
预期意义	1. 选择此项目的理由有哪些？ 2. 这个项目具有哪些方面的意义？请从客户、市场、队伍自身等多个方面进行简要阐述。 3. 你预计项目能锻炼学生的哪些关键能力？这些关键能力又会在哪些场景中得到提高？ 4. 若按照图 2-9 的要求，通过此项目的训练，你预计自己在哪几个方面可以得到提升？又会在哪些场景中得到提升？	
准备工作	1. 除了书上提供的知识资源以外，还可以学到什么？在哪里学？学习的方法又有哪些？这些方法是否是在上一册的学习中总结和提炼的？ 2. 在学习的过程中小组应该如何开展学习交流和研讨？是否有具体的交流研讨计划？如有，计划又是什么？ 3. 我们如何去寻找客户？	

<table>
<tr><td>集中研讨会</td><td>

小知识

如何寻找客户

●活动拜访法。寻找客户不能单单依靠电话与网络，销售人员应多参与各类活动或主动拜访潜在客户，可增加潜在客户对自己的信任或从中获取相关的商业线索。

●交易会法。在商业极端发达的今天，各类型交易会、博览会层出不穷，这类会议汇集相关行业的各类商家，已经不仅是实现交易的平台，更是往后寻求更广泛的合作契机。

●咨询寻找法。当依靠自身无法发现目标客户时，可向一些组织，如行业协会、技术联盟、咨询企业等寻求帮助，这些单位往往掌握了大量的客户资料、资源以及相关行业的市场信息，通过咨询的方式寻找客户不仅是一个有效的途径，还可能够获得这些组织的其他衍生服务。此外，企业或个人还可以到当地的政府服务机构去寻求帮助，这类机关事业单位对其所辖地域、地段的每户居民、企业的政治和经济情况比较了解，到这些单位咨询也能免费获得有用的资料。

1. 如何制定项目计划？
2. 计划中的各个子项的负责人是否清楚自己的工作任务？
3. 什么样的商家是我们的潜在客户？这些潜在客户又应该具备哪些条件？

请同学们在小组内部，通过网络讨论以上三个问题，明确职责，并将达成的共识记录在下框内。

小知识

进行商业谈判的小窍门

●谈判对象的差异。作为一个成熟的谈判者，考虑谈判对象的特点是极为必要的。依据不同的文化差异或个人风格，制定相应的谈判策略和语言风格都是有助于达成最终共识的重要元素。

●谈判目标的差异。俗话说“知己知彼，百战不殆”，谈判者在制定谈判策略前，首先要明确谈判双方在谈判中的目标是什么，也就是俗称的“底牌”。而在明确了双方的谈判目标后，还需要秉承“求同存异”的理念，对比分析双方的利益共同点和矛盾诱发点，从而设置多重预案。尤其是分析“矛盾诱发点”的时候，这一问题处理不好通常会导致谈判陷入僵局甚至直接破裂，故而作为谈判者，在制定策略以前，务必要进行深入的调研，在组织内部事先达成共识，划定底线，厘清可以让步的程度和交换条件。

</td><td></td></tr>
</table>

●谈判策略的灵活运用。在谈判进入实质性阶段时，谈判人员要根据谈判的进程和发展状况，全面、灵活地运用各种策略，使谈判在轻松、和谐、友好的氛围中进行，并朝着努力争取互利共赢的方向前进。可简单概括为：先听多听、控制情绪、适当让步。

商务谈判的几条基本原则：

●平等互利原则。平等互利是当代商务谈判中最基本的原则。这意味着谈判双方有相同的法律地位，体现了双方平等的权利和义务，代表了双方的利益。最成功的谈判一定是双赢的。若抱着“己方获利而对方损失”的态度去谈判的话，几乎难以达成共识。

●客观合作原则。如果双方没有问题，没有不同意见就不需要谈判。谈判就是为了解决问题而进行磋商，但是谈判的双方不是狭义的“对手”，而是广义的“伙伴”，通过谈判的博弈，双方都在寻找一种比以前更好的解决方案。各退一步是为了海阔天空，希望己方的让步能为双方都赢得更大的利益。

●灵活变通原则。任何谈判都是一个不断博弈，交换意见和彼此妥协的过程。我们在把握己方核心利益的基础上，只要不放弃底线，可以考虑采用多种途径，多种方法，灵活多样地处理各种变化，最终保证谈判协议得以签署。

4. 在这个实践项目中，我的职责（分工）是什么？这样的分工是基于我的能力还是基于团队的需求？或是我的能力提高需求？

5. 队友们的职责（分工）又是什么？

6. 针对问题4，在这次项目中，我还可以承接哪些额外的工作？承接这类工作是为了补足队伍的能力短板，还是为了提升我所欠缺的部分职业关键能力？

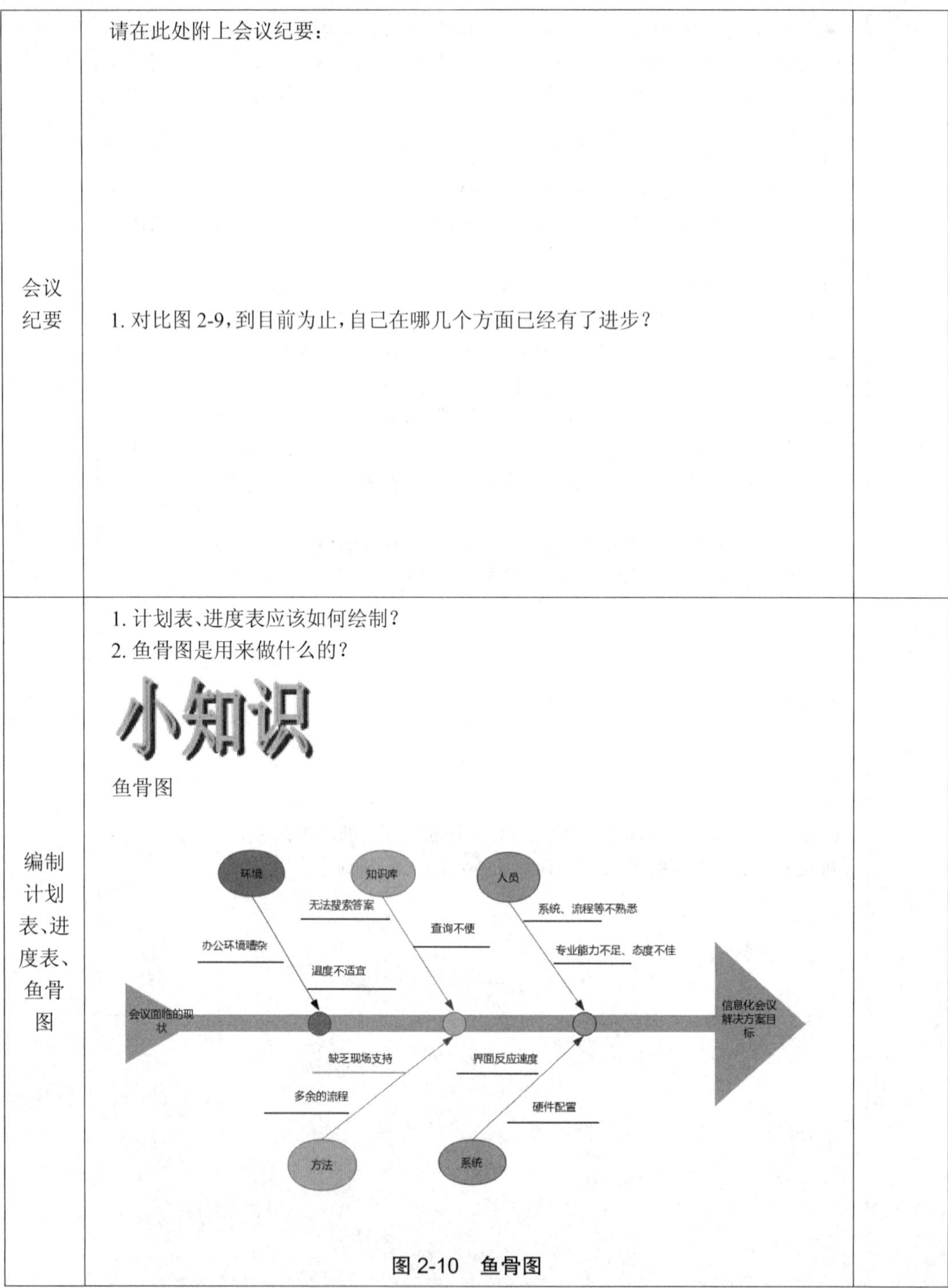

会议纪要	请在此处附上会议纪要： 1. 对比图 2-9，到目前为止，自己在哪几个方面已经有了进步？	
编制计划表、进度表、鱼骨图	1. 计划表、进度表应该如何绘制？ 2. 鱼骨图是用来做什么的？ 小知识 鱼骨图 图 2-10 鱼骨图	

<table>
<tr>
<td>编制计划表、进度表、鱼骨图</td>
<td>
鱼骨图是由管理大师石川馨发明的分析原因的有效方法，又称因果图。它简便有效、形象生动，利用头脑风暴，逐条分析，得出最优的结论或形成最优的方法。
鱼骨图的绘制要先从“主骨”开始，所谓“主骨”本质上就是一个从左向右的箭头，箭头的尾部是事件的“当前状态”，头部则是事件的“最终状态”。（见图 2-11）

图 2-11　鱼骨图主骨
绘制好主骨后，开始绘制“支骨”，“支骨”应该是能使得事件从“当前状态”达到“最终状态”的方法的分类。（见图 2-12）
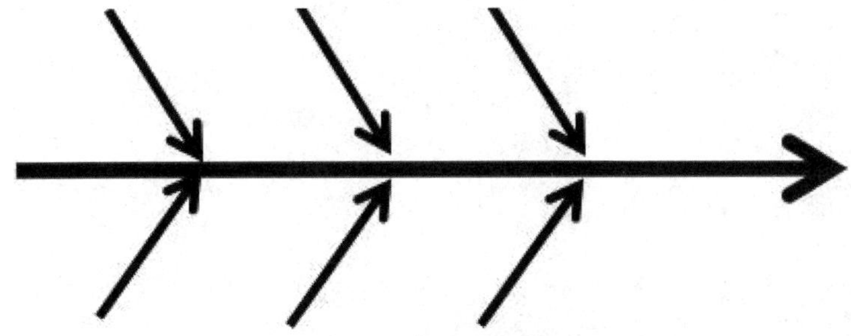
图 2-12　鱼骨图支骨
最后便是绘制“小骨”，“小骨”为各个“支骨”下具体的工作方法。鱼骨图到此便完成了。（见图 2-13）
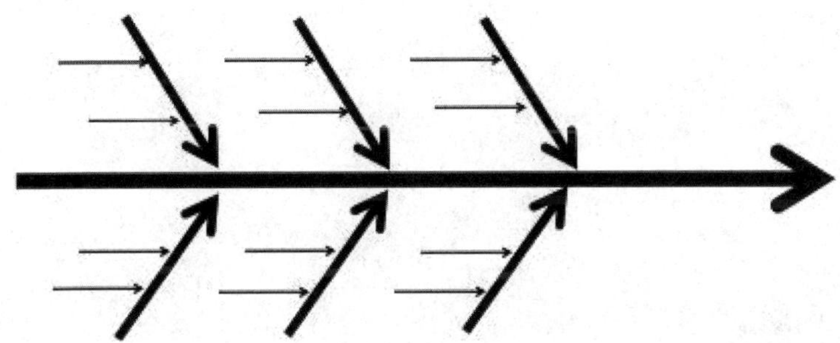
图 2-13　鱼骨图小骨
请注意，鱼骨图的绘制是对整个项目的思路梳理起到辅助作用的，支骨最为重要，小骨次之，由于是前期工作，需要调研验证，故而不宜写得过于详细，项目的细节不必绘制在鱼骨图上。
</td>
<td></td>
</tr>
</table>

	请在此处附上计划表和鱼骨图。 计划表： 鱼骨图：	

第二周　课前有话：

1. 如何在演讲中形成自身的独特风格？这样的风格是否能让客户喜欢？

2. 如何将客户的注意力吸引到演讲中来？

3. 你了解客户所在行业的业务么？客户的关注点是什么？

本周需要关注的能力点：自我学习能力、信息处理能力、与人交流能力和问题解决能力。

准备宣讲

表 2-1　准备资料清单

准备材料名称	件数	负责人

1. 作为宣讲者该如何展示小组的项目方案？作为非宣讲者应该如何帮助宣讲者做好宣讲准备工作？（二选一问题）

2. 在这场宣讲中，本组应该考虑到项目的各个过程，需要对每个组员在解决方案工程师这个岗位上所需具备的能力进行训练，请梳理。

如项目需求分析的能力：在对客户进行需求分析的时候进行训练。

总结

小知识

工作汇报写法

× 月份工作汇报

1. 本月工作完成情况（含当月工作目标和当前进展）

序号	计划工作内容（目标）	当前进展	完成情况（百分比）
1	JA02 完成初步的系统调试，在暗室可实现法线抗一个干扰；室外在一个窄带干扰下可搜到卫星信号	当前仅完成暗室内通道校准工作；Matlab 程序上可实现任何角和抗一个窄带干扰（干扰频谱被抑制）	20%

周工作汇报

姓　　名		岗　位	
汇报日期	___年___月___日至___年___月___日　第___周		
本周工作内容			

图 2-14　工作汇报参考模板

请在此处附上总结和汇报。

宣讲过程记录

1. 同学们提出了哪些问题？

表 2-2　同学们的意见和建议记录表

同学们的意见和建议	本组的应对策略

表 2-3　老师的意见和建议记录表

老师的意见和建议	本组的应对策略

2. 宣讲人的本场表现记录。

表 2-4　宣讲人的表现记录表

表现好的方面	表现不好的方面

第三周 课前有话：

1. 如何分析意见和建议的合理性并有针对性地修改计划？
2. 在宣讲内容没有纰漏的情况下，为何会宣讲效果不够理想，客户不乐意听？
3. 目前自己离成为一位实习解决方案工程师助理的要求还有多远？

本周需要关注的能力点：与人合作能力、与人交流的能力和信息处理能力。

难点自析

1. 请将项目目前所面临的种种困难，以克服困难的难易程度排序在下面的箭头之中。

2. 能否预计在实施过程中还会遇到哪些困难？

3. 小组是否有应对这些困难的准备？

4. 面对客户应该如何准备？

表 2-5　面见客户时的准备

需准备项目	罗列细节	备注
衣着仪容		
客户背景调查		
项目准备资料		
突发事件预案		

小知识

宣讲中如何应对突发状况

- Q：当因为紧张而不知道说什么的时候怎么办？
  A：提前在 PPT 和提词卡上做好准备。
- Q：当场下客户的注意力不集中时，宣讲者该怎么办？
  A：开一个玩笑转移客户注意力。
- Q：当回答问题时答不上来怎么办？
  A：细心记录，诚恳讨教。
- Q：当客户听不明白术语的时候怎么办？
  A：通过举例、类比等方式解释。

<table>
<tr><td>请求协助</td><td>1. 当项目遇到困难无法解决时，可向谁求助？

2. 有哪些方法能够帮助自己成功地得到他人的帮助？

3. 向他人求助时，要注意哪些细节？

小知识
如何进行成功的求助
●选好求助的对象，不要盲目。
●一定要将自己遇到的问题简明扼要地描述出来。
●善于利用售后服务热线。</td><td></td></tr>
<tr><td>集中研讨会</td><td>1. 是不是该讨论第一次实践的任务安排？
2. 是不是该讨论第一次实践的人员安排？
请在此处附上会议纪要。</td><td></td></tr>
<tr><td>实施</td><td>1. 若要做好解决方案，还需要考虑哪些方面的问题？

2. 可以采取哪些措施去解决这些潜在的问题？

3. 对比图 2-9，到目前为止，自己在哪几个方面已经有了进步？</td><td></td></tr>
</table>

小知识

如何做好解决方案？如图 2-15 所示。

目录

图 2-15　解决方案所应该包括的部分(模板见附录)

第一章:关于本方案

●这里描述本方案各项内容与客户需求的对应性，是整个方案的简介性章节。

第二章:概述

●项目背景。介绍本项目的背景，一般来自客户提供的相关技术文件，也可以通过其他渠道获得相关材料，便于阅读者了解项目的设置背景。

●建设目标。介绍本项目所要达到的最终效果。

●建设原则。介绍本项目在开发过程中需要秉承的硬性条件。

第三章:需求分析及描述

●需求分析活动目标和任务（可选）。这里描述通过需求分析要达到的目标，从大的方面描述需求分析的任务。

●需求描述。需求描述包括业务需求、接口需求、安全需求、性能需求等。

●需求分析。需求分析包括系统涉众分析、功能需求分析、对技术架构的要求等。

<table>
<tr><td>实施后阶段总结会</td><td>请在此处附上实施后阶段总结会会议纪要。

1. 调整后的计划，请附上计划表。</td><td></td></tr>
<tr><td>实施</td><td>实施过程记录。

表 2-6　实施过程记录表

（见下表）</td><td></td></tr>
<tr><td>总结</td><td>请在此处附上总结。
1. 这次项目实施的过程中，小组总结了哪些独到的经验？客户的反馈又有哪些？

2. 对比图 2-9，到目前为止，自己在哪几个方面已经有了进步？</td><td></td></tr>
</table>

表 2-6　实施过程记录表

工作子项名称	所遇问题	解决办法

<table>
<tr><td>实施过程材料整理</td><td>请梳理一下我们目前收集了哪些资料，填在以下方框中。
<table><tr><td></td><td></td><td></td></tr><tr><td></td><td></td><td></td></tr><tr><td></td><td></td><td></td></tr><tr><td></td><td></td><td></td></tr><tr><td></td><td></td><td></td></tr><tr><td></td><td></td><td></td></tr></table></td><td></td></tr>
<tr><td>实施过程问题归因</td><td>1. 在项目实施的过程中有哪些不尽人意的地方？
2. 请对上述遗憾或问题进行内归因？
3. 请对上述遗憾或问题进行外归因？</td><td></td></tr>
<tr><td>集中研讨会</td><td>1. 组内如何找到所面临问题的解决方法？
2. 组内对下一次实施方案的细则是否进行了讨论？请简述。
3. 罗列出目前自己在实践中暴露出的薄弱环节。
请在此处附上集中研讨会会议纪要。</td><td></td></tr>
</table>

<table>
<tr><td>圆桌会议</td><td>

小知识

使用“圆桌会议”化解矛盾

在经过了几个星期的训练，团队将会不可避免地出现一些问题，例如互相埋怨、意见相左、队员懈怠等。为解决以上问题，小组可以进行一次“圆桌会议”，具体操作步骤如下。

第一步：

选择一处会议室（若没有会议室，也可选择操场等开阔地带），召集所有队员围成一圈。

第二步：

讲明“圆桌会议”的原则，即人人平等，各抒己见，并说明本次会议的主题是“自我批评”。

第三步：

可以使用各种游戏确定首位进行自我批评的组员（也可由组长开始），自我批评之后，其余组员需要针对其自我批评进行建议，并给予鼓励。

第四步：

指定最后发言者为总结人，并请每一位组员回忆本组的成绩目标。

圆桌会议座次：

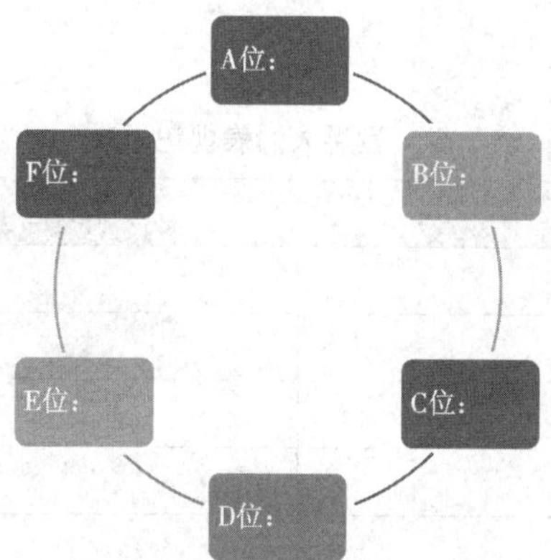

图 2-16　圆桌会议座次示意图

会后简单总结：

</td><td></td></tr>
<tr><td colspan="3">

第四周 课前有话：

1. 应该如何评估目前的项目实施效果？如何科学地应对收集的意见和建议？

2. 目前自己离成为一位实习解决方案工程师助理的要求还有多远？

本周需要关注的能力点：与人合作能力、与人交流的能力和信息处理能力。

</td></tr>
</table>

<table>
<tr><td rowspan="1">宣讲</td><td>
1. 同学们提出了哪些问题？

表 2-7　同学们的意见和建议记录表

同学们的意见和建议	本组的应对策略

表 2-8　老师的意见和建议记录表

老师的意见和建议	本组的应对策略

2. 宣讲人的本场表现记录。

表 2-9　宣讲人的表现记录表

表现好的方面	表现不好的方面
</td><td></td></tr>
<tr><td>实施
修改</td><td>请记录修改后的实施计划或策略。</td><td></td></tr>
</table>

数据分析 问题归因	请对数据进行分析。	
分析模型	是否使用了某种分析模型？	
分析结果展示	请记录数据分析的结果和实施过程的重要佐证：	
集中研讨会	请在此处附上集中研讨会会议纪要： 对比图 2-9，到目前为止，自己在哪几个方面已经有了进步？	

<table>
<tr>
<td>求职试验与能力检测</td>
<td>

1. 根据网上对解决方案工程师的能力需求和你在整个项目中的亲身体验，请写出你所认为的这一类职位目前的能力需求（包括专业能力及关键能力）？对以上你所罗列的能力，按你的理解进行重要性排序（重要性递减）。

2. 你认为自己适合成为一位解决方案工程师么？如果你愿意，你认为还应该从哪些方面进行锻炼？

3. 请在招聘网站上进行查询，搜索此类职位，并填写一份简历（实习），通过电子邮件或其他途径与用人单位进行沟通，尝试获得该岗位的实习机会。

请将简历截图打印，粘贴在本页。

在线简历打印粘贴处：

</td>
<td></td>
</tr>
</table>

第五周 课前有话：

1. 结题报告如何撰写？

2. 你的简历被单位接纳了吗？是否已经参加了面试？

本周需要关注的能力点：与人交流能力、信息处理能力、与人合作能力、问题解决能力。

求职试验反馈和能力检测自评	1. 你上周投递的简历是否被目标公司接纳？ 2. 目标公司的具体情况是怎样的？你为什么要选择这家公司进行简历投递？ 3. 你是否收到了面试通知或已经进行了面试？ 4. 如果进行了面试，在面试过程中，你的表现如何？你觉得面试过程中最困难的地方在哪？ 5. 该公司是否向你提供了（实习）就业机会？ 6. 如果你的简历被企业拒绝，你认为有以下哪些原因？你又该用哪些办法进行锻炼和学习？ 7. 在你看来，在本项目的实践中，还欠缺了对解决方案工程师的哪些能力的训练？可以在今后的哪些活动中进行弥补？	

<table>
<tr><td>最终
反思</td><td>1. 整个项目过程中我是否真正地尽了全力？
2. 我们对自己的表现是否真的满意？
3. 纵观整个项目，我是不是真的适合做一位解决方案工程师？

请小组讨论以上三个问题。</td><td></td></tr>
<tr><td>结题
答辩
准备</td><td>

表 2-10 结题准备资料清单

<table>
<tr><th>准备材料名称</th><th>件数</th><th>负责人</th></tr>
<tr><td></td><td></td><td></td></tr>
<tr><td></td><td></td><td></td></tr>
<tr><td></td><td></td><td></td></tr>
<tr><td></td><td></td><td></td></tr>
<tr><td></td><td></td><td></td></tr>
<tr><td></td><td></td><td></td></tr>
</table>

</td><td></td></tr>
<tr><td colspan="3">第六周 课前有话：
1. 请每组安排组员用手机录制本组的答辩过程；
2. 最后感谢所有帮助过你的老师和同学们。</td></tr>
</table>

结题答辩	结题答辩记录。 答辩老师对本人的表现评语。	

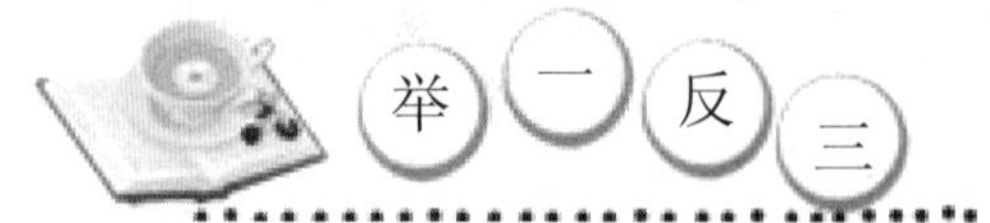

请学有余力的小组完成以下职业关键能力训练项目：

行业实习（解决方案工程师助理）

（1）选择可信赖的公司，投递实习简历，实习职位应该与本项目相关，撰写实习日志。

（2）你可以通过教师的推荐或网上寻找等方式去争取实习职位。

（3）注意求职过程中的个人风险，包括财产、信息、人身安全等。

学有余力的同学，还可以选修以下课程：

名称	作者	出版社	ISBN	图书图片
《精益服务解决方案：公司与顾客共创价值与财富（白金版）》	詹姆斯 P. 沃麦克，丹尼尔·T. 琼斯	机械工业出版社	9787111546955	
《解决方案销售实施手册》	基斯·M·依迪斯，詹姆斯·N·塔奇斯通	电子工业出版社	9787121216404	
《企业信息化管理实务》	刘希俭	石油工业出版社	9787502194802	

《产品的视角：从热闹到门道》	后显慧（Luke）	机械工业出版社	9787111525820	
《IT 售前工程师修炼之道》	萝卜、冰雕	清华大学出版社	9787302420583	
《人脸识别系统在传统行业的应用与落地》	范锦	腾讯云大学	https：//cloud.tencent.com/edu/learning/live-1450	
销售易解决方案模板		销售易 CRM	http：//www.xiao-shouyi.com/case-study	
钉钉行业解决方案案例		钉钉	https：//tms.dingtalk.com/markets/dingtalk/industry_case_sem_pc？spm=a3140.8736650.2231602.3.7f1518e6DxGxrm	

项目三　某智能穿戴产品的市场研判与推广

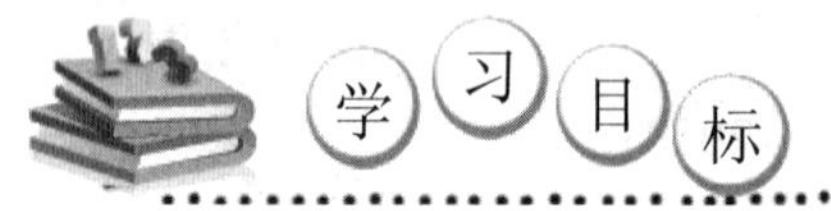

产品的市场研判与推广是计算机类专业学生需要具备的专业知识和专业能力之一，计算机专业部分毕业生会从事计算机相关产品市场营销岗位工作。无论营销岗位、研究岗位、技术开发岗位都需要具备最基本的产品市场分析和推广的能力，才能做好相关岗位的本职工作。

进行产品的市场研判与推广不仅需要市场营销相关知识，而且需要职业素养，如：职业思维模式、沟通交流能力、总结汇报方法等。只有具备良好的职业素养，才能有效开展市场调查，了解市场真实情况；有效进行数据分析，把握市场发展前景；有效进行推广方案制定，开展合理的市场推广。因此，我们需要提升职业素养，为就业奠定良好的基础。

通过本项目的实践，应该达到以下学习目标（图 3-1）：

图 3-1　需要达到的学习目标

●自我学习：①掌握和巩固学习新知识的方法和途径；②学会知识；③学会自我反思和自我评估，并能客观分析自己的进步；④学会统筹安排时间。

●与人交流：①熟练掌握与他人沟通的技巧和方法；②熟练掌握清楚表达自我观点的方式；③熟练掌握能够有效获取对方表达信息的方法。

●与人合作：①能够熟练掌握团队组建方法；②能够有效进行团队配合、团队合作；③能够有效化解团队成员分歧，调动团队成员积极性。

●数字应用：①熟练掌握对原始数据进行分析的方法和途径；②能够熟练地对数据进行

归纳总结。

●信息处理:①学会信息辨别,去伪存真;②能进行信息分类、归纳。

●问题解决:①能从结果上总结工作中的得失;②能不断反思总结自己的工作方法并加以改进。

●思维模式:①能够熟练掌握逆向思维、横向思维、透视思维、跳跃思维和立体思维等思维方式;②形成一套适合自身特点的思维模式。

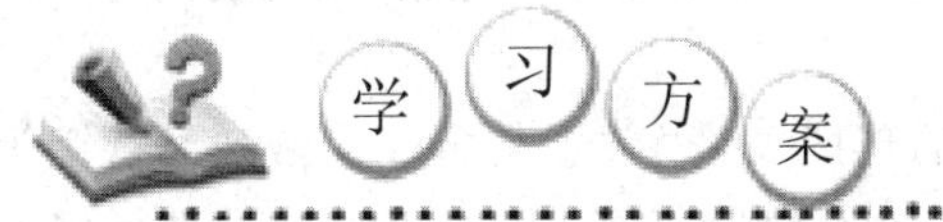

1. 职业关键能力训练的基本流程

职业关键能力训练的基本流程如图 3-2 所示。

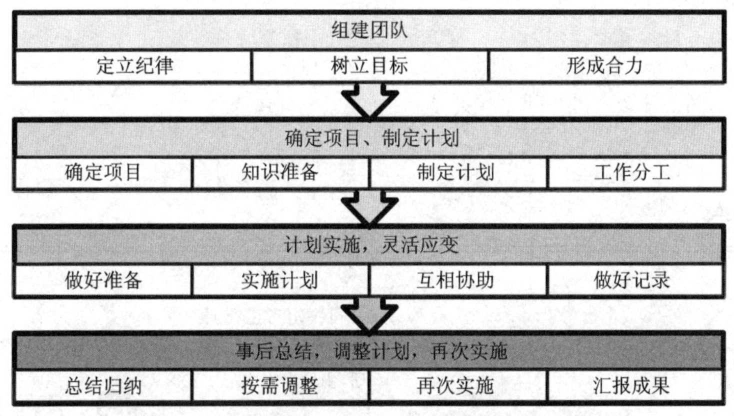

图 3-2　职业关键能力训练项目的基本训练流程

2. 本项目的训练参考流程

本项目:“某智能穿戴产品的市场研判与推广”可以参照图 3-3 开展:

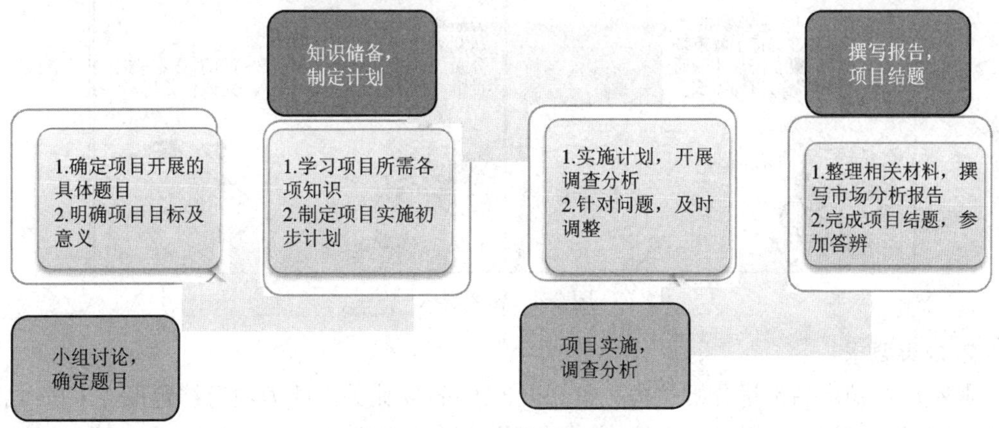

图 3-3　本项目的训练步骤

第一步:查找相关资料,学习相关知识。如:了解“智能穿戴产品”内涵、特征、当前发展情况;学习市场研判与推广。

第二步:小组讨论,确定具体题目。智能穿戴产品有很多种,例如:智能手表、智能手环、智能眼镜、智能衣服、智能鞋等。各小组在学习相关资料的基础上,通过小组讨论确定小组项目进行的具体方向和具体题目。

第三步:明确小组目标,制定项目实施计划。小组确定具体题目后,经过小组讨论,明确该项目小组要达到的具体目标和项目效果,在此基础上制定项目实施计划和步骤。

第四步:分工协作,项目实施。按照计划安排,小组进行分工协作,按照市场研判与推广的基本流程,分步骤推进项目。

第五步;完成初稿,进行答辩。项目实施完成后形成一份“关于某智能穿戴产品营销策划书”初稿并制作宣讲 PPT,在班级上宣讲。根据宣讲情况、教师及同学的意见进行修改完善。

第六步:上交某智能穿戴产品市场研判与推广策划方案,项目结题报告和本书需要填写的项目过程记录部分。

1. 情景导入

图 3-4 情景导入

2. 成果要求

某智能穿戴产品市场分析与推广策划报告 1 份;职业关键能力项目结题报告 1 份;结题汇报 PPT、佐证材料、汇报录像 1 份;完成本项目任务实施部分(×× 页至 ×× 页)的填写。

学生需提交材料如表 3-1 所示。

表 3-1　学生需提交材料列表

所需材料名称	数量
市场分析与推广策划报告	1 份
训练项目结题报告	1 份
结题汇报 PPT	1 份
汇报录像	1 份
佐证材料（图片、调查表等）	不限
完成本项目任务实施部分	按所有要求填写空格

市场分析与推广策划报告由各小组自定，训练项目结题报告模板详见附件及课程资料包。

3. 知识准备

3.1　智能穿戴产品相关知识

随着移动互联网技术的迅速发展以及芯片技术的不断进步和高性能低功耗处理芯片的推出，部分智能穿戴设备已经开始不断商业化。智能穿戴设备泛指内嵌在服装中或以饰品、随身佩带物品形态存在的电子通信类设备。把信息的采集、记录、存储、显示、传输、分析、解决方案等功能与我们的日常穿戴相结合，成为我们穿戴的一部分，如衣服、帽子、眼镜、手环、手表、鞋子等。

智能穿戴产品具备两个特征：第一，是一种硬件终端，拥有计算、存储或传输功能；第二，技术嵌入、交互式体验，创造性地将多媒体、传感器、无线通信技术嵌入在人们的衣服中，实现交互式体验效果。

智能穿戴设备主要有两种分类方式：按照应用领域来划分；按照主要功能来划分。从应用领域划分来看，当前智能穿戴设备主要应用于四大领域：健身与健康、医疗与保健、工业与军事、信息娱乐。从主要功能划分，可分为三大类：生活健康类、信息资讯类和体感控制类。其中，生活健康类的设备有运动、体测腕带及智能手环；信息资讯类的设备有智能手表和智能眼镜；体感控制类的设备有各类体感控制器等。

3.2　产品市场分析的基本知识

产品市场分析就是对该产品市场供需变化的各种因素及其发展趋势的分析。分析过程主要包括：搜集有关资料和数据，采用适当的方法，分析研究、探索市场变化规律；了解消费者对产品品种、规格、质量、性能、价格的意见和要求；了解产品的市场占有率和竞争单位的市场占有情况，了解社会商品购买力和社会商品可供量的变化，从中判明商品供需平衡的不同情况，为企业生产经营决策提供重要依据。

产品市场分析是企业正确制定营销战略的基础和关键因素。产品的营销战略决策只有建立在扎实的市场分析的基础上，只有在对影响需求的外部因素和影响企业购、产、销的内部因素充分了解和掌握以后，才能减少失误，提高决策的科学性和正确性，从而将经营风险降到最低限度。

3.3　市场分析与研判流程

第一步：市场环境分析，主要从行业发展现状、发展趋势、市场规模和用户规模进行分析；

第二步：企业分析，对当前从事该产品研发的同类竞争企业的基本情况进行分析；

第三步：产品分析，分析本产品的特征、优势，运用 SWOT 分析法进行分析；

第四步：营销战略及战术分析，分析确定该产品采用什么样的营销战略和营销方式；

第五步：制定市场营销策划，在前期分析的基础上，确定产品市场营销方案及推广策略（图 3-5）。

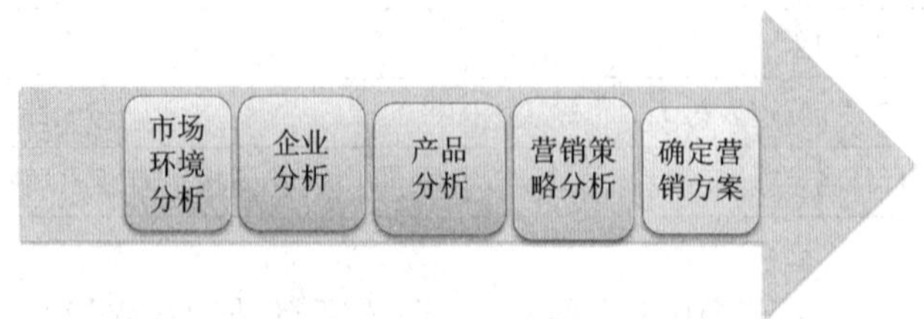

图 3-5　市场分析的基本步骤

4. 参考案例

案例项目：老年人智能手环市场研判与推广项目

项目简介：某智能科技公司欲将公司智能手环推销给老年群体，需对老年人智能手环市场进行调研，从而进行市场研判，并将产品优化、更适于老年人心理和生活使用，从而推广项目。为此，公司从研发、生产、销售、后期服务等部门抽调了员工代表，组成一个“老年人智能手环市场研判与推广项目”团队，希望在一个月内初步达成目标。

项目参与小组：梅兰竹小组

项目指导老师：王老师

项目开展时间：第 13 周至 18 周

参考案例具体实施流程如图 3-6 所示。

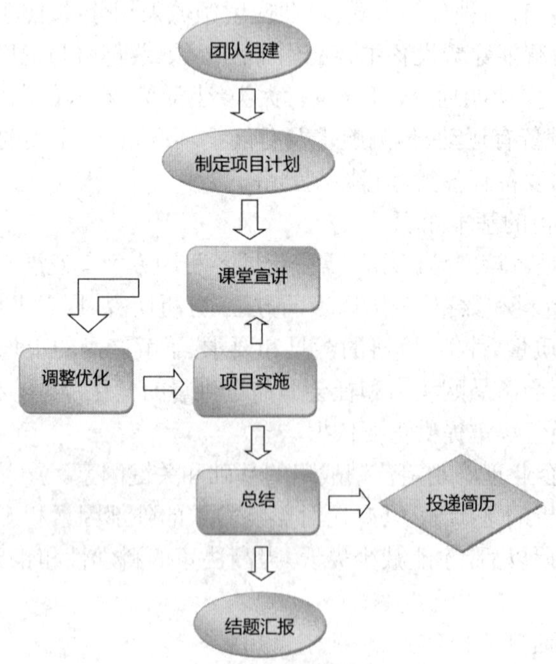

图 3-6　参考案例具体实施流程

项目开展过程简述（按行课周）：

（1）第一周课上（任务：团队组建）：为了进行良好的团队配合，适应与更多的人合作与交流，在两次项目已经实践的基础上，王老师决定对小组成员进行更换。更换方法是组数不变，组长不变，其他同学通过抽签的方式重新分配。通过重新抽签，梅兰竹的组员发生了变化，本组成员小孙留了下来，新组员有来自A组的小王、来自B组的小刘、来自F组的小李。团队重新分配后，小组在课上开展团队交流，每一位同学都在网上进行调查，对智能产业的产品顾问这一职位的具体能力要求有了初步的认识，并依据企业对于这类职位的能力要求开始自学相关知识。

明确小组目标。组长小朱说，团队的重新组合是有意义的，老师的用意也是很明显的，今后在公司中，部门的人员随时会发生变化、部门领导也会随时发生变化，我们每个人也会因为各种原因更换工作单位，这样会遇到不同的同事、不同的领导。小朱要求小组成员忘记以前小组的工作方式，讨论决定本小组项目目标、团队分工等。团队经过商量，决定小组目标是：高质量完成老年人智能手环市场研判与推广策划书；项目评分班级第一；制定小组纪律十五条；规范会议、实践、分工方面的责任。团队决定花三天时间学习相关资料，准备制定项目计划。学习资料分工如下：小朱和小王负责市场分析相关知识学习；小刘和小李负责营销推广知识学习；小孙负责商业营销策划书模式、样板的学习。

（2）第一周课后至第二周课前（任务：制定初步计划）：三天后，小组开会进行小组学习，并制定项目实施计划。小组成员分别分享了各自三天内的学习收获及相关知识，由小孙做好会议记录和相关资料的备案。通过知识的分享和小组讨论，小组认为本项目实施不难，但需要把握几个关键点：第一，老年人智能手环市场分析如何做，哪些方面通过资料分析得出，哪些需要市场调研得出；第二，老年人智能手环市场推广方案如何完成，完成的策划方案是否需要验证。小组决定重点在这两方面下功夫。小组结合各个项目计划宣讲中存在的问题，在本次计划中都给予重视，使小组计划精细化、可行化。经过小组广泛讨论，决定由小孙整理实施计划，由小王负责制作宣讲PPT并代表小组进行课堂宣讲。

第二次课前一天，小组完成项目初始计划，并准备好PPT和相关资料，由小王代表小组参加开题答辩，宣讲本组的初始计划。

（3）第二周课上（任务：课堂宣讲）：小王代表小组进行宣讲。小王流利地把小组讨论确定的项目实施计划一一讲给大家，由于小王参加过多次演讲比赛，所以在小组提问环节语言表达能力好，课堂宣讲效果非常好。其他小组也表示梅兰竹小组项目实施计划安排合理，精确到每一天。王老师也表示今天的宣讲和项目计划安排，梅兰竹小组做得非常好。但是所有小组包括梅兰竹都普遍存在一个问题，项目安排都是借鉴网上商业企划书的步骤，没有考虑项目本身的问题。职业核心能力训练关注的重点应该是通过项目来训练和提升职业核心各项能力的，何况本项目实施时间只有五周左右，是不可能完成一个产品的市场分析与推广的，所以各小组要把握重点，抓住关键几个环节，这些环节是能够操作并且能够提升小组成员各项能力的。

（4）第二周课后至第三周课前（任务：计划调整和实施）：组长小朱召集大家开会。根据王老师的意见对项目实施计划进行了调整，决定删去一些难以实施的步骤，精简项目流程，强化小组成员能力提升的步骤和实施时间。最后决定本周开始实施计划，本周的工作计划是开展老年人智能产品市场调查，分两队进行工作，一队进行市场情况调查，一队进行消费者需求调查。

周末小组开始项目调查。小朱、小李对市场商店售卖老年人智能手环情况进行走访。并对网上商城售卖产品的情况做相关记录。而负责了解消费者需求的三位同学很沮丧，他们在学校附近广场调查老年人对本项目的意向，很多人都不接受调查。很多老年人认为小组成员是骗子。愿意接受的只有少数几个老人，而且他们都回答说不清楚什么是智能手环且都没有使用过。

组长小朱鼓励大家不要灰心，提醒是哪个地方出了问题并引导大家反思总结，小朱觉得是因为调查对象不明确所导致的问题。调查对象不是所有的老年人，而是愿意购买或者已经购买了智能手环的老年人，但是我们无法准确地找到这部分老年人。小王同学提出应该去售卖老年人智能手环的商店，等老年人来购买智能手环，有针对性进行采访。大家都同意这个观点。

第二天，小组分为两组前往电子类产品商场和药店附近进行采访。等待一天发现效果依然不是很明显，没有多少老年人前往，有的也不是购买智能手环的。小组经过讨论也没有想到更好的办法，决定完成产品市场情况调查的写作。总结消费者调查这一方面的经验教训，课堂汇报时寻求任课老师以及其他同学的帮助。

(5)第三周课上(任务:第二次课堂宣讲):因为实践存在失败的地方，课堂宣讲可能有很大压力，组长主动承担起本次宣讲工作。课堂上组长将小组目前项目进展情况、项目存在的问题以及调查情况不佳做了详细汇报，请求老师及同学们的帮助。老师直接指出小组消费需求的调查对象找错了，老年人虽然是老年人智能手环的直接使用者，但他们不一定是老年人智能手环的购买者，一定要找到真正购买老年人智能手环的群体。王老师着重强调在项目调查过程中，找对目标群体是项目调查的关键，各小组都需要反思总结这个问题。

梅兰竹小组成员恍然大悟，主要消费者不是老年人，而是他们的子女。年轻人更熟悉了解电子产品，他们是电子产品最主要的受众群体，而且由于大部分子女没有陪在父母身边，为了表达孝心会购买相关产品。

(6)第三周课后至第四周课前(任务:项目的调整与实施):梅兰竹小组迅速讨论，明确把消费者需求调查转移到成年人身上。选择 25 至 35 周岁这部分群体采取在线问卷调查，以及线下采访的方式开展，决定今天完成问卷调查的设计，明天展开调查。

一天后，问卷调查制作完成，各小组成员通过父母或其他长辈发送调查，线下小组成员采访了部分成年人。三天后，小组成员对调查问卷进行分析，本次共同收到 120 份电子调查结果和 20 份访谈记录表。最后小组集体对数据进行分析，尝试使用的是 SAP 数据分析软件；通过分析得出老年人智能手环的需求情况。小组进一步对前期数据进行整理，完成老年人智能手环市场调研，由小刘代表小组进行第三次宣讲。

(7)第四周课上(任务:项目实施阶段性汇报):由小刘代表梅兰竹小组进行宣讲。本次推选小刘为本次汇报的主讲人，原因是小组发现小刘同学较为内向，不爱说话，不愿意多和别人交流，为了提高小刘同学的交流水平，小组才决定由小刘同学汇报。小刘当时极力反对由他进行宣讲，认为自己会讲不好，会拖累小组的成绩。在小组成员的积极鼓励下，小刘才同意进行课堂汇报。从效果来说，小刘同学宣讲效果一般，宣讲过程中较为收敛，语言不流畅，气氛紧张，没有很好地将一些小组观点表达清楚。王老师做点评说，我们通过更换调查对象，推动了项目的实施，本次调查数据分析也较为合理，能够反映老年人智能手环市场的基本情况。要求小组抓紧时间完成产品的市场推广方案,完成项目初稿。并按照当初在招聘网站上查询到的企业对于此类岗位的要求进行自我对照,评估小组成员目前自身的能力符合度,为下一步填写在线简历做准备。

(8)第四周课后至第五周课前(任务:项目完善、检测能力、投递简历):针对今天小组课堂表现情况,小组给予小刘同学极大的鼓励,表示他做得很好,告诉他什么地方可以改进。小组决定为了提高小刘的交流水平,下周的汇报仍然由小刘同学负责,小刘同学很感动表示一定克服自身的缺点,提高自己语言表达能力。随后小组商讨本周的实施计划,本周的重点是制定一份可行的推广方案。而可行的推广方案既要表现产品的特征、满足消费者的需求,也要用当前消费者乐于接受的营销方式。小组成员提出 3 种方案,如何确定最终选择的方案呢?小组决定不要凭自我经验去确定,应该去亲身验证。小组到商场咨询智能手环、智能电子产品的销售者,最终采访到 5 名销售者,他们对 3 种方案提出了意见,并对目前智能电子产品的主要销售途径和存在的问题给予很多讲解;随后,小组随机调查了部分消费者,了解消费者认为合理、可行、可以接受的销售方式;最后,小组通过辅导员和任课教师的帮忙,找到了学校财经学院市场营销专业老师,通过与专业老师的交流,专业老师对小组的方案提出了很多指导性的意见。

每一位组员梳理自身的能力水平,进行在线简历填写和投递,组员们需要将自己在本次项目中训练出的能力"恰当"地展现在线简历中,投递一个自己目前能力所及且较为心仪的(实习)职位,等待简历的投递结果。

(9)第五周课上(任务:汇报报告、撰写进展):本次小组汇报仍然由小刘负责,由于小刘本周精心准备,不断突破自己,克服自身弱点,本次宣讲一改上周说话紧张的情况,演讲时激情澎湃,顺理成章,得到了全班同学的认可。王老师对此给予高度评价,认为梅兰竹小组这一点做得非常好,课程就是为了锻炼各位同学的能力,到目前为止,每个小组的成员都是做自己擅长的那一部分,不擅长的那些能力基本没有得到锻炼。梅兰竹小组主动帮助小刘同学提升言语表达能力,没有因为上周小刘表现不好就不让他宣讲,反而是想解决办法,既能帮助小刘同学锻炼能力,又能保证小组结题正常进行,这才是开展这门课程的根本目的。王老师要求本周内完成项目报告,准备好下周结题答辩材料。

(10)第五周课后至第六周课前(任务:完成项目结题报告并准备结题答辩):这一周,小组决定分工完成各项工作,由小王、小孙、小李负责完成产品市场分析与推广方案终稿并撰写结题报告;由小刘和小朱负责结题答辩材料及 PPT 的准备。

截至答辩前一天,团队有 3 人收到简历投递的回复及公司的面试通知,还有 2 位同学的简历未收到回复。小组讨论分析原因,并增添进结题报告中。

(11)第六周课上(任务:结题宣讲、答辩并上交所有项目资料):结题由组长小朱负责宣讲,小组全体同学进行配合,顺利结题。梅兰竹小组最后将产品市场分析与推广方案、结题报告和其他资料汇总发给老师存档,并获得了全班第一的好成绩。

<table>
<tr><td colspan="3">第一周课前有话：
1. 什么是产品的市场分析？
2. 产品的市场分析报告应如何撰写？
3. 新的团队如何再建设？
本周需要关注的能力点：自我学习能力、与人合作能力和与人交流能力。</td></tr>
<tr><td>实施步骤</td><td>主要内容</td><td>教师评价</td></tr>
<tr><td>筹备会议</td><td>解决以下问题：
1. 怎样进行产品的市场分析与推广？
2. 产品市场分析的内涵和意义是什么？
3. 确定具体进行的项目是什么？

在此记录筹备会议上的重要议题：</td><td></td></tr>
<tr><td>项目选题</td><td>1. 老师给出的项目结题标准是什么？

2. 本组的项目名称是什么？</td><td></td></tr>
</table>

预期 意义	1. 为什么要选择这个项目名称？ 2. 这个项目具有哪些意义？ 3. 你预计项目能锻炼自己什么样的关键能力？	
资源 准备	1. 除了书上提供的知识资源外，你还应该学习些什么？ 2. 学生可以去哪里学习上述知识？	

<table>
<tr>
<td>集中研讨会</td>
<td>
1. 是不是应该制定项目计划？
2. 是不是应该讨论项目分工？

小知识

礼仪
礼仪是指在社会生活交往中为人们所认同与遵守的行为、规范或准则的总和。礼仪包括礼貌、礼节、仪表 、仪式 、礼俗等方面。
●礼貌：指人们在社会交往过程中良好的言谈和行为，主要包括口头语言的礼貌、书面语言的礼貌、态度和行为举止的礼貌。礼貌是人的道德品质修养的最简单、最直接的体现，也是人类文明行为的最基本的要求。
●礼节：人们在交际过程中逐渐形成的约定俗成和惯用的各种行为规范的总和。现代礼节主要包括：介绍的礼节、握手的礼节、打招呼的礼节、鞠躬的礼节、拥抱的礼节、亲吻的礼节、举手的礼节、脱帽的礼节、致意的礼节、作揖的礼节、使用名片的礼节、使用电话的礼节、约会的礼节等。
●仪表：指人的外表，包括仪容、服饰、体态，仪表属于美的外在因素，反映人的精神状态。仪表美是一个人心灵美与外在美的和谐统一，美好纯正的仪表来自高尚的道德品质，它和人的精神境界融为一体。

3. 在这个实践项目中，我的职责（分工）是什么？

4. 队友们的职责（分工）又是什么？

5. 这次项目中，我准备如何帮助队友们完成他们的任务？
</td>
<td></td>
</tr>
</table>

会议纪要	请在此处附上集中研讨会的会议纪要：	
编制计划表、进度表	1. 进度表、计划表应该如何绘制？两者各自的作用是什么？ 2. 除了计划表、进度表，还有什么图表可起到类似的作用？ 请在此处附上整个项目的计划表和进度表：	

第二周课前有话：
1. 当众演讲需要注意什么样的礼仪？
2. 如何做好答辩记录？
本周需要关注的能力点：信息处理能力、与人交流能力和问题解决能力。

准备宣讲

1. 宣讲需要准备些什么资料？请列出准备清单。

表 3-2 准备资料清单

准备材料名称	件数	负责人

2. 小组该如何展示本组的项目计划？

3. 本组是如何选定宣讲人的？每位组员对宣讲人的推荐有何意见和建议？

<table>
<tr><td>宣讲</td><td>1. 宣讲到底要注意哪些问题？

表 3-3　宣讲人的准备
<table><tr><th>需准备项目</th><th>宣讲人如何准备</th><th>备注</th></tr><tr><td></td><td></td><td></td></tr><tr><td></td><td></td><td></td></tr><tr><td></td><td></td><td></td></tr><tr><td></td><td></td><td></td></tr><tr><td></td><td></td><td></td></tr><tr><td></td><td></td><td></td></tr></table>
2. 请将宣讲人的讲述逻辑用流程图表示如下：</td><td></td></tr>
<tr><td>宣讲过程记录</td><td>1. 同学们提出了哪些问题？

表 3-4　同学们的意见和建议记录表
<table><tr><th>同学们的意见和建议</th><th>本组的应对策略</th></tr><tr><td></td><td></td></tr><tr><td></td><td></td></tr><tr><td></td><td></td></tr><tr><td></td><td></td></tr><tr><td></td><td></td></tr><tr><td></td><td></td></tr></table></td><td></td></tr>
</table>

表 3-5 老师的意见和建议记录表

老师的意见和建议	本组的应对策略

2. 宣讲人的本场表现记录。

表 3-6 宣讲人的表现记录表

表现好的方面	表现不好的方面

3. 罗列出你在演讲过程中的最大劣势。

难点自析	1. 通过宣讲和答辩，我们发现初始计划中有哪些工作难度较大？ 2. 在项目实施的过程中，我们又可能碰到什么样的困难？ 3. 本组为应对这些困难做了哪些准备？	
计划调整	1. 根据意见，计划应该怎样调整？ 2. 为什么要这样调整计划？ 3. 调整后的计划表。	

<table>
<tr><td>集中
研讨会</td><td>1. 是不是该讨论第一次实践的任务安排？
2. 是不是该讨论第一次实践的人员安排？
请在此处附上集中研讨会会议纪要：</td><td></td></tr>
<tr><td>实施</td><td>1. 项目实施第一步是进行什么调查？
2. 采取的调查方式是什么？
3. 在调查中我们可能遇到的问题有哪些？
4. 我们可以采取哪些措施去解决这些潜在的问题。

小知识
市场调查的内涵及特征
市场调查有别于一般的社会调查，有特定的内涵及特征。市场调查就是企业等市场主体为了了解市场信息，通过科学的方法收集、整理和分析与企业市场营销活动相关的数据信息，向管理者提供数据信息并作为企业营销策略选择的依据之一。市场调查是企业重要的营销职能之一。</td><td></td></tr>
</table>

市场调查的主要特点：

●客观真实性，市场调查首先就要保证调查的客观真实性，不受调查者以及其他人的主观影响，努力提供真实反映客观事实的准确信息；

●方法科学性，在进行市场调查时，一定要采取科学的调查方法、进行合理的调查程序，这样才能确保调查数据的客观性和真实性；

●系统完整性，市场调查从研究问题的确认到调查报告的撰写是一个完整的系统，其中的每个环节都是密切联系的；

●实际应用性，市场调查具有很强的目的性，主要为企业市场营销策略提供数据支持和依据。因此市场调查应服务于企业的发展，企业调查的目的要有针对性和实效性。

请在此处附上本组的调查内容：

介绍礼仪

在交际场合结识朋友，可由第三者介绍，也可自我介绍相识。为他人介绍，要先了解双方是否有结识的愿望，不要贸然行事。无论自我介绍或为他人介绍，作法都要自然。

自我介绍：需要把握自我介绍的时机、自我介绍的内容、自我介绍的分寸。

介绍他人：又称第三者介绍，经第三者为彼此不相识的双方引见和介绍。其中要把握介绍者的选择，一般为社交活动中的东道主、社交场合中的长者、家庭聚会中的女主人、公务交往活动中的公关人员（礼宾人员、文秘人员、接待人员）等。

介绍的顺序：

表 3-7　介绍他人顺序表

把职位低者介绍给职位高者
把晚辈介绍给长辈
把男士介绍给女士
把学生介绍给老师
把公司同事介绍给客户
把非官方人士介绍给官方人士

阶段总结会	请在此处附上阶段总结会会议纪要。	

实施

实施过程记录：

表 3-8　实施过程记录表

小知识

1. 交谈技巧与礼仪：

交谈，是表达思想及情感的重要工具，是人际交往的主要手段。在人际关系中的“礼尚往来”中有着十分突出的作用。可以说，在各种各样的礼仪形式中，交谈礼仪占据主要地位。所以，强化语言方面的修养，学习、掌握并运用好交谈的礼仪，是至关重要的。交谈中需要注意交谈的态度、交谈的语言、交谈的礼仪。

态度：要成为受欢迎的人，要学会接受别人，要学会包容别人的问题；

语言：语言要准确流畅，掌握分寸，幽默风趣；

礼仪：多用礼貌用语，慎重选择话题，善于耐心倾听，讲究提问技巧。

2. 引导消费者谈话的方法：

巧妙提问、准确核实、及时回应、总结归纳。

3. 有效倾听的技巧：

集中精力专心倾听；

不要随意打断谈话；

谨慎反驳顾客观点；

肯定顾客谈话价值；

避免发生虚假反应。

总结	这次实施过程中，小组获得了哪些经验？请总结如下。	

第三周课前有话：

1. 如何评估目前的项目实施效果？
2. 项目实施如何进一步推进？
3. 如何进行资料收集和归档？

本周需要关注的能力点：数字应用能力、与人交流的能力和自我学习能力。

实施过程材料整理

请梳理一下目前收集的资料。

表 3-9 所搜集资料列表

资料名称	数量

	小知识 服饰礼仪 人的着装打扮必须遵循具体的时间、地点和目的的要求，尤其是在正式场合、商务场合。 ●女士着装提示：在正式场合女士最佳衣着是身着单一色的西服套装，内穿白色衬衫，脚穿肉色长筒丝袜和黑色高跟鞋。身着单一色彩的连衣裙亦可，但尽量不要选择以长裤为下装的套装。 ●男士着装提示：在正式场合，男士最佳衣着是藏蓝色、灰色的西装外套或中山装套装，内穿白色衬衫，脚穿深色袜子、黑色皮鞋，打色彩凝重的、与套装相协调的领带。 ●特别提醒：在公务场合，不允许身穿时装或便装，尤其是夹克衫、牛仔裤、运动装、健美裤、背心、短裤、旅游鞋、拖鞋或凉鞋等。不宜穿过于鲜艳、过于暴露、过于透视、过于短小、过于紧身的服装。	
实施过程问题归因	1. 在项目实施的过程中有哪些遗憾或问题？ 2. 请对上述遗憾或问题进行内归因。 3. 请对上述遗憾或问题进行外归因。	

<table>
<tr><td>集中研讨会</td><td>1. 组内是如何找到所面临问题的解决方法？
2. 组内对下一次实施方案的细则是否进行了讨论？请举例。
请在此处附上集中研讨会会议纪要。

自己的反思：</td><td></td></tr>
<tr><td>项目推进会</td><td></td><td></td></tr>
</table>

第四周 课前有话:
1. 如何准确地汇报阶段性成果?
2. 遇到“刁难”的提问时,应该如何应对?
本周需要关注的能力点:数字应用能力、信息处理能力、问题解决能力和与人交流能力。

宣讲

1. 同学们提出了哪些问题?

表 3-10　同学们的意见和建议记录表

同学们的意见和建议	本组的应对策略

表 3-11　老师的意见和建议记录表

老师的意见和建议	本组的应对策略

2. 宣讲人的本场表现记录

表 3-12　宣讲人的表现记录表

表现好的方面	表现不好的方面

<table>
<tr><td>实施
修改</td><td>请记录本周修改后的实施计划或策略。

小知识

称呼礼仪

称呼礼仪在社会交往中、交际双方见面时，如何称呼对方，这直接关系到双方之间的亲疏、了解程度、尊重与否及个人修养等。一个得体的称呼，会令彼此如沐春风，为以后的交往打下良好的基础，否则，不恰当或错误的称呼，可能会令对方心情不悦，影响彼此的关系乃至交际的成功。
●对朋友的称呼：①敬称：您、你、先生、老师；②姓名的称呼；③亲切的称呼；
●对普通人的称呼：“同志”“先生”“女士”“小姐”等，以职务、职称相称，入乡随俗；
●工作中的称呼：职务性称呼，职称性称呼，职业性称呼，学衔；
●一般性称呼：“先生”“小姐”“女士”。</td><td></td></tr>
</table>

数据分析问题归因	请对数据进行分析：	
分析模型	你使用了哪种分析模型？	

	消费者购买动机分析 购买动机是指人们为了满足一定需要而引起的购物愿望和意念，是消费者在购物时内在的心理动力。 常见的购物动机 ●求实购物动机是以追求商品的实际使用价值为主要特点的购物动机。具有这种购物动机的消费者在购物时，特别重视商品是否实用、实惠，质量是否可靠，功能是否齐备，是否经久耐用。 ●求新购物动机是以注重商品的时尚和新颖为主要特点的购物动机。具有这种购物动机的消费者在选购时，特别注重商品的款式是否新颖，外观造型是否时尚，色彩格调是否清新等。 ●求利购物动机是以追求较多或额外的物质利益为主要目标的购物动机，具有这种动机的消费者主要选购廉价商品、优惠商品，希望从附带的赠品中获得意外的收获。 ●求名购物动机是以追求商品或企业的名望为主要目标的购物动机。具有这种动机的消费者喜欢购买能反映其身份不同一般的名、特、优商品，以表现其社会地位、文化修养、收入水平等。	

分析 结果 展示	请记录数据分析的结果和实施过程的重要佐证（粘贴图表、照片）。	
集中 研讨会	请在此处附上集中研讨会会议纪要。	

求职试验与能力检测	1. 根据你在整个项目中的亲身体验，请写出你所认为的这一类职位目前的能力需求（包括专业能力及关键能力）。对以上你所罗列的能力，按你的理解进行重要性排序（重要性递减）。 2. 你认为自己可以掌握这些能力吗？如果没有，你认为还应该从哪些方面进行锻炼？ 3. 请在招聘网站上进行查询，搜索此类职位，并填写一份简历（实习），通过电子邮件或其他途径与用人单位进行沟通，尝试获得该岗位的实习机会。 请将简历截图打印，粘贴在本页。	

<table>
<tr><td colspan="3">第五周课前有话：
1. 是否还记得归纳总结的方式方法？
2. 是否将所有所需的材料都一一准备妥当？
本周需要关注的能力点：信息处理能力、与人合作能力和问题解决能力。</td></tr>
<tr><td>最终反思</td><td>1. 在实施过程中，我们的目标是否因为主观原因被迫降低了？

2. 整个项目过程中我们的动力是否还一如往常？</td><td></td></tr>
<tr><td>结题答辩准备</td><td>表 3-13　结题准备资料清单
<table>
<tr><th>准备材料名称</th><th>件数</th><th>负责人</th></tr>
<tr><td></td><td></td><td></td></tr>
<tr><td></td><td></td><td></td></tr>
<tr><td></td><td></td><td></td></tr>
<tr><td></td><td></td><td></td></tr>
<tr><td></td><td></td><td></td></tr>
<tr><td></td><td></td><td></td></tr>
</table></td><td></td></tr>
<tr><td colspan="2">第六周课前有话：
1. 请每组安排组员用手机录制本组的答辩过程。
2. 最后感谢所有帮助过你的老师和同学们。</td><td></td></tr>
<tr><td>结题答辩</td><td>将答辩记录记在此处：</td><td></td></tr>
</table>

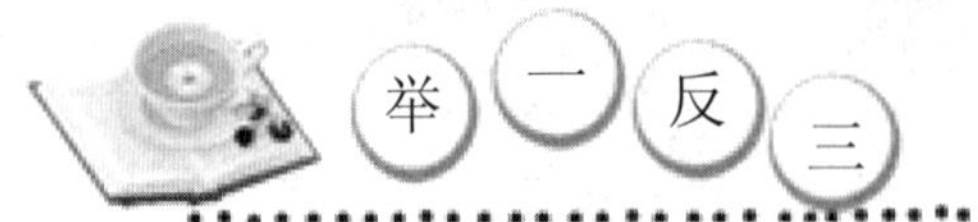

请学有余力的小组完成以下训练项目：

行业实习（智能科技企业产品顾问）

经过几周的项目锻炼，同学们对于智能产品行业有了一定的认识，职业素养也得到了锻炼，但实际环境中所面临的问题和压力是大不同的。通过实习，能够进一步提升自己的职业素养，为就业提供帮助。

学有余力的同学，还可以选修以下课程：

名称	作者	出版社	ISBN	图书图片
《市场调查与市场分析》	李国强，苗杰	中国人民大学出版社	9787300248295	

项目四　科普类在线课程在某类人群中的学习推广

随着现代社会的发展，人们所认识的世界在时刻改变，无论是孩子还是大人，都想认识这个世界，了解与自己兴趣爱好相关的内容。因此，许多教育机构、科技或文化公司、各类相同爱好的人会面向相应的群体制作宣传材料，包括书籍、电子新闻、公开课、短视频等等。越来越多的网络科技公司搭建桥梁、提供平台，将这些知识链接到不同的社会群体中去。

本项目选取此类企业背景，模拟一个简单的职业场景：你作为一名新入职员工，接收到公司安排的工作任务，要推广公司平台新上线的某科普类在线学习课程。此项任务关系到你这一批新员工中哪些人能够最终转正、哪些人会在未来被快速提拔。

本项目是团队合作对抗项目，存在团队竞争，即两个或多个团队的项目目标是相同或相似的，项目完成的情况将产生这样的结果：优胜的团队成员在公司“转正”或“提拔”，劣势的团队成员“无法转正”或“淘汰”。建议可在项目开展前由老师组织确定项目任务完成情况的结果认定和处理方案。

通过本项目的实践，可以提高个人职业素养，包括但不限于：主动学习能力、结果导向思维、沟通交流能力、团队协作能力、技能实践能力、担责抗压能力、总结提升能力、职业思维意识。一方面可以提高上述职业素养，另一方面也可以在项目中了解此类公司运行模式的一角，为未来的就业、择业提供参考和帮助。

将职业素养融入目标中，同学们需要达到 7 个目标，其中 3 个为重点学习目标，4 个为基础学习目标（图 4-1 和图 4-2）。

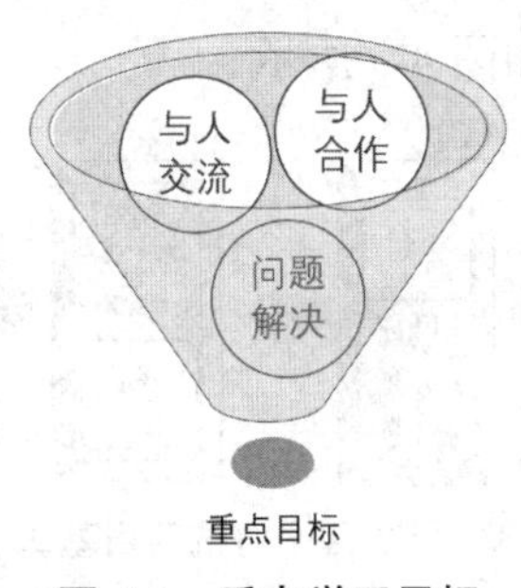

图 4-1　重点学习目标

●与人交流（沟通交流能力）：①敢于同陌生人群沟通并准确表达自己的观点；②能够准确把握对方所要表达的观点；③能够利用图表、PPT 等阐述自己的观点；④学会撰写会议纪要；⑤能够观察交谈中对方的反应，并懂得准确把握对方需求。

●与人合作（团队协作能力）：①学会如何组建团队，并使得团队能形成合力；②学会激励团队中的队友，并化解团队矛盾；③学会与合作伙伴化解分歧，达成共识，给对方留下良好印象；④学会谈判技巧，并能合理地提出异议。

●问题解决（结果导向思维）：①能通过结果思考工作中的得失；②能不断反思总结自己的工作方法并加以改进。

图 4-2 基础学习目标

●自我学习（主动学习能力）：①学会如何去查找你所需要的信息；②学会如何制订学习目标和学习计划，绘制学习计划表；③学会进行自我评估，并能客观分析自己的进步；④学会主动寻找学习目标。

●数字应用（技能实践能力）：①能够学会以各种方法获取所需数据；②能从数据中读懂背后的含义，能够绘制图表；③能使用办公软件中的计算公式；④能够对结果进行归纳总结。

●信息处理（总结提升能力）：①能够处理冗长的信息；②能进行信息分类、归纳；③能通过非语言文字渠道获取信息；④具备总结、汇报并提炼的综合能力。

●思维模式（职业思维意识）：①能从工作中学习各种从事职业工作的思考问题方式，从而帮助改变自己固有的思维模式；②能在改进过程中使职业思维体系不断成熟。

此外，你还能从中学习承担责任、面对工作压力和竞争压力、提高敬业精神与合作态度，为今后的就业、工作打下基础。

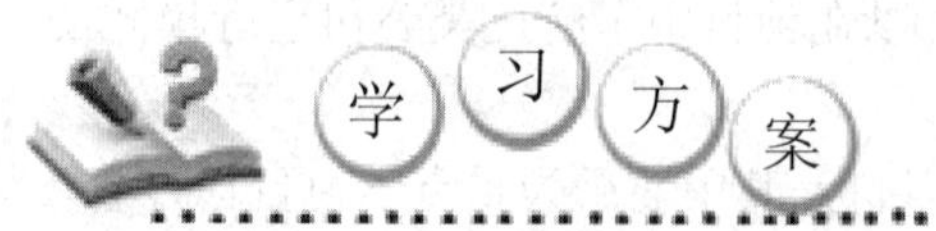

1. 团队合作对抗项目基本流程

团队合作对抗项目基本流程如图 4-3 所示。

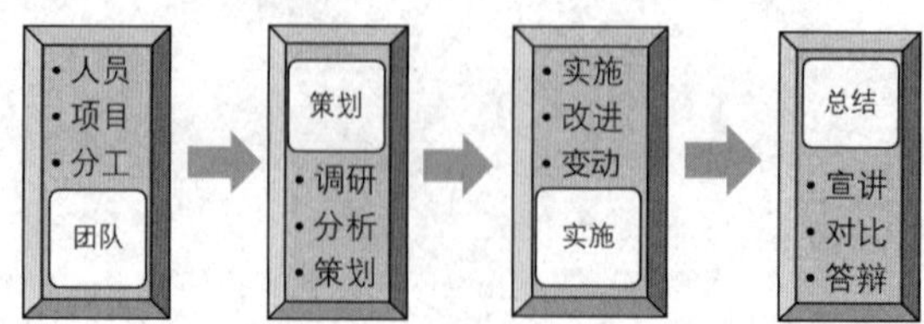

图 4-3 团队合作对抗项目基本流程

2. 本项目训练流程简述

团队合作对抗项目基本参考流程，本项目：“科普类在线课程在某类人群中的学习推广”可以参照图 4-4 中的步骤开展。

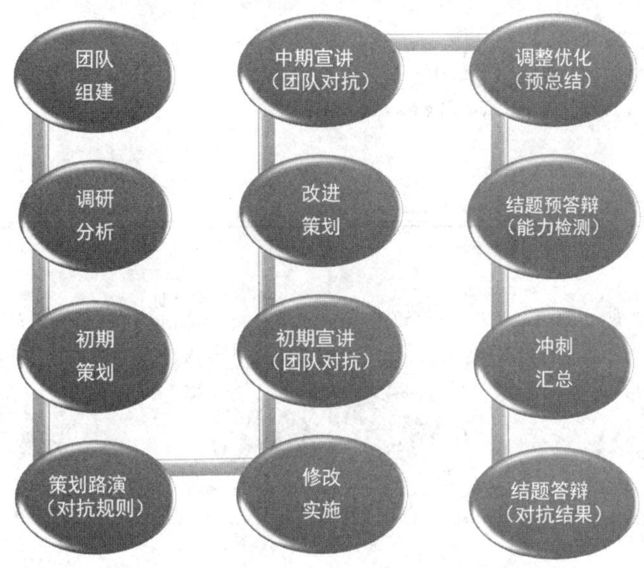

图 4-4　本项目训练流程简述

详细流程如下。

●第一步：项目团队组建。在第一次课上根据老师介绍的项目任务进行团队组建。

●第二步：按照项目任务进行调研分析并确定项目题目。调查与在线课程推广相关的网络科技公司的招聘信息，了解在线课程的运营工作要求、薪资、行业现状和未来发展等。随后调研不同的公司平台、在线课程分类，确定项目的具体题目，如“《宇宙探索与发现》微课在青少年人群中的学习推广”“《神奇的材料世界》短视频在儿童群体中的学习推广”和“《网络安全小课堂》微视频在中老年群体中的学习推广”等等。不同团队的项目题目需相同或相近，如同为“《网络安全小课堂》微视频在中老年群体中的学习推广”。尽量使目标相同，但过程和结果因团队而异，筛选出优秀的团队。

●第三步：根据对在线课程的认识了解、目标人群的分析、项目工作的分工计划等作出项目开展的初期策划。

●第四步：以初期策划为蓝本，将项目进展和初期成果制作宣讲 PPT，在课堂上进行项目路演，根据现场情况再次进行计划修改，最终形成推广策划终稿。本周路演后，在老师的组织下，确认本项目的最终目标、结果认定与处理方案，确立团队合作对抗规则。

●第五步：按策划开始推广，在三四周时间内，不断根据项目实施情况（如课程制作、点赞、评论、关注、收藏、转发）、团队或课堂讨论情况及时改进项目策划。每周的课堂宣讲，均需结合对抗规则进行进度记录和下周计划。

●第六步：不同团队间的业务推广情况汇报总结，进行结题预答辩。

●第七步：冲刺汇总。根据几周的总结，制作简历投递到心仪的目标企业或参加招聘会，检验自身能力水平；同时，结合预答辩情况，汇总材料、意见和不足并进行修改。

●第八步：项目结题答辩。结合能力检测情况、实际效果、老师分析和班级投票，按照对抗规则确认对抗结果。

本步骤仅作为参考，在项目实施过程中老师或学生可根据实际情况进行调整。

1. 情景导入

图 4-5　情景导入

小 A 毕业后，经过几轮笔试和面试进入一家网络科技公司。进入公司的前三个月是实习期。在实习期间，公司安排新入职的 20 位员工自由组队，各个团队在视频软件平台上运营同一个主题的不同账号。实习期结束时，公司根据运营状况进行考察，选拔适合公司的优秀团队和人选。

2. 对抗规则

对抗团队确认：老师将全班同学分组完毕后，给出不同的项目类型题目，选择同类题目的团队，即为对抗团队。

对抗规则拟定：对抗规则需根据实际选题，结合企业的招聘要求、老师的建议、对抗团队的讨论拟定，此规则需要所有成员认可。

以本项目为例，假设本项目对抗团队有 2 组，全班还有其他 6 个不同团队；本项目需 6 周完成，第 1 周确认团队、项目，第 2 至 6 周项目实施、结题且均需要课堂报告、宣讲、答辩。对抗规则可设定如下。

●本项目满分 60 分，第 2 至 6 周每周均有对应分数。

●第 2 至 5 周，每周满分 10 分。分数表示每周的项目实施情况（如课程制作、点赞、评论、关注、收藏、转发)、课堂汇报情况等综合表现。

●第 6 周,满分 20 分。分数表示项目整体实施情况、能力检测情况、结题答辩情况等。

●每周分数确定:以其他 6 组的建议分和老师的修订分相结合来确定每周分数。

●建议分:其他 6 组各自给出建议分,去掉一个最高分和一个最低分,剩余分数的平均分即为建议分。

●修订分:老师可对建议分进行修订,在建议分的基础上加分或减分。修订分最高分值为该周满分的 1/5,即第 2-5 周的修订分最高为 2 分,第 6 周的修订分最高为 4 分。

3. 成果要求

学生需提交材料如表 4-1 所示。

表 4-1　学生需提交材料列表

所需材料名称	数量
推广策划书	1 份
项目结题报告	1 份
结题汇报 PPT	1 份
汇报录像	1 份
佐证材料(简历、图片、调查表等)	不限
项目实施记录	教材“任务实施”部分

对抗项目策划书模板和项目结题报告模板(图 4-6)详见附件及课程资料包。

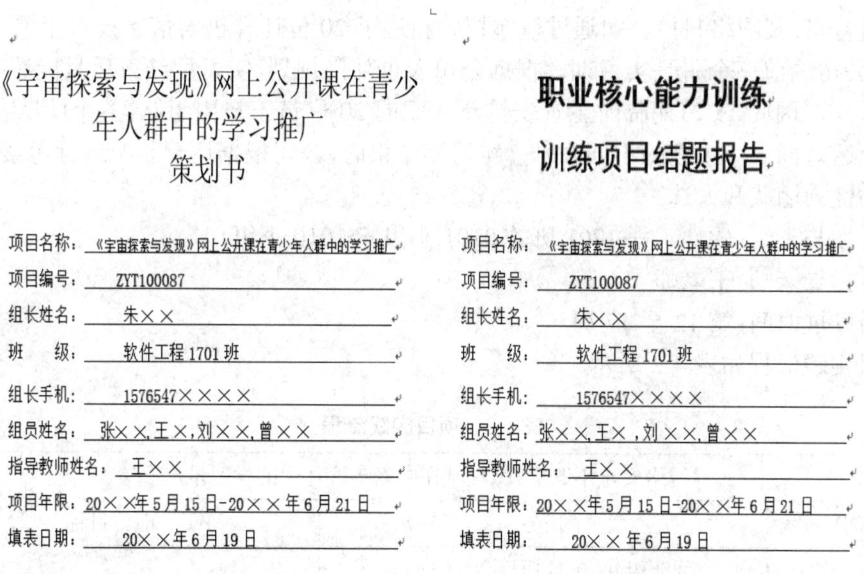

《宇宙探索与发现》网上公开课在青少年人群中的学习推广
策划书

项目名称: 《宇宙探索与发现》网上公开课在青少年人群中的学习推广
项目编号: ZYT100087
组长姓名: 朱××
班　　级: 软件工程 1701 班
组长手机: 1576547××××
组员姓名: 张××,王×,刘××,曾××
指导教师姓名: 王××
项目年限: 20××年 5 月 15 日-20××年 6 月 21 日
填表日期: 20××年 6 月 19 日

职业核心能力训练
训练项目结题报告

项目名称: 《宇宙探索与发现》网上公开课在青少年人群中的学习推广
项目编号: ZYT100087
组长姓名: 朱××
班　　级: 软件工程 1701 班
组长手机: 1576547××××
组员姓名: 张××,王× ,刘××,曾××
指导教师姓名: 王××
项目年限: 20××年 5 月 15 日-20××年 6 月 21 日
填表日期: 20××年 6 月 19 日

图 4-6　项目需完成的策划书和结题报告

4. 知识准备

本项目的开展，首先面临的问题是团队建设，尽管在其他项目中已经经历过团队工作，但本项目有了新的变化即团队对抗。在面对竞争时，团队如何提高竞争力？（见图 4-7）

图 4-7 提高团队竞争力的方式

首先，有很多前人总结的经验，如：明确的目标树立、科学的管理体制、良好的沟通协调、有效的绩效激励、合理的团队分工、和谐积极的工作氛围、全局观念和意识、优秀的领导策划、创新的思维模式、灵活的调整变动、高效的工作效率……这些知识都需要学习和准备。

其次，选题为科普类在线课程在某类人群中的推广，涉及三个重要方面：一是科普在线课程，需要团队结合专业学习自己制作，这是将理论学习和社会实践相连接的必经之路；二是了解某类人群，需要针对不同的群体特征进行针对性的课程制作、推广宣传、沟通交流；三是学习推广，推广的方式方法该如何进行、现实反馈该如何处理应对、结果该如何判断等问题都有待解决。

5. 参考案例

为便于教师和学生理解本项目的实践流程，请认真阅读本案例。

案例项目：“《网络安全小课堂》微视频在中老年群体中的学习推广”

项目背景：某网络科技公司通过校园招聘新进了 20 位计算机与信息技术相关专业的员工，进入公司的前三个月是实习期。根据公司人事部门规划，实习期结束后只能选拔 10~12 位员工转正。因此，实习期临时主管安排新入职的 20 位员工自由组队，各个团队在视频软件平台上运营同一个主题的不同账号。实习期结束时，公司根据运营状况进行考察，选拔适合公司的优秀团队和人选。

项目参与小组：软件工程 1701 班的 0101 小组和 1010 小组

项目指导老师：王老师

项目开展时间：第 12 至 17 周

项目实践流程如表 4-2 所示。

表 4-2 项目实践流程

《网络安全小课堂》微视频在中老年群体中的学习推广			
时间		任务	能力目标
第一周	课上	团队组建、确认项目、对抗规则	团队协作、主动学习、结果导向思维
	课后	调研分析、知识准备、初期策划	
第二周	课上	策划路演	沟通交流、技能实践、担责抗压
	课后	修改策划、实施策划	

续表

《网络安全小课堂》微视频在中老年群体中的学习推广			
时间		任务	能力目标
第三周	课上	项目实施初期宣讲	沟通交流、技能实践、信息处理
	课后	改进策划	
第四周	课上	项目实施中期宣讲	信息处理、总结提升、职业思维
	课后	调整优化、预总结、简历求职	
第五周	课上	预答辩	总结提升、职业思维
	课后	材料汇总整理、分析、准备答辩	
第六周	课上	结题宣讲、答辩	总结提升、心理抗压
	课后	总结、分享心得	

项目开展流程简述(按行课周)。

(1)第一周课上(任务:团队组建、确认项目):0101 小组由 5 位同学组成,在小组成立后,5 位同学选出朱同学作为组长。朱同学首先组织全组成员召开了第一次会议,确定了全组的目标:高质量完成在线课程微视频制作、项目结题报告撰写、关注量 1000、简历求职获得回复乃至成功的成员至少 4 人,在与竞争团队的项目对抗中胜出。与此同时,全组定下小组纪律十五条,规范会议、实践、分工方面的责任。1010 小组情况和 0101 小组情况类似,项目任务相同或类似,项目完成过程类似,细节方面各小组可根据自己特点开展。

同时,王老师组织商讨了本次团队对抗项目的规则,每周课上记录、比较开展相同项目的两个团队的工作效率和效果;在结题时,考察项目开展效果即正常增长的点赞、评论、关注、收藏、转发数量和简历求职获得回复乃至成功的成员数量。通过每次课上的分数汇总之和来决定两个团队的胜负。

(2)第一周课后至第二周课前(任务:调研分析、知识准备与初期策划):两天后,小组开展头脑风暴,通过这两天的前期收集资料,同学们开会分析项目所需准备的知识,并进行学习分工:小 A、小 B 学习微视频制作的相关知识和技术;小 C 调研相关平台公司的招聘信息、要求、薪资、行业对比情况、微视频运营推广的注意事项和技巧以及目标群体的思维特征、日常习惯、爱好兴趣特长、作息时间地点,并针对这些情况思考、建议制定推广方式;小 D 作为临时秘书,汇总项目材料,包括策划撰写、PPT 的制作、会议纪要的撰写、结题报告的撰写等;而作为组长的朱同学,则负责团队协作、制定计划、作出决策等。朱同学规定,每位同学每天都必须在小组群中分享工作进展情况,并将自己觉得有助于项目发展的思考进行梳理,按照规定格式分享到工作群中。

经过 3 天的准备工作,朱同学召集了一次项目集中会,会上小组的每位同学都将自己所掌握的情况进行了总结报告,最终由临时秘书小 D 将会议纪要整理汇总,形成项目进展备忘录。朱同学在会上规定,每一周开一次这样的集中会,以不断优化项目推进成果。同时,0101 小组开始制定策划,策划中写明了整个项目所需的时间、资源、分工、下一周具体实施阶段的步骤等。

第二次课前一天，0101 小组完成项目初始策划，并准备好策划报告、PPT 和相关资料，组长朱同学指定临时秘书小 D 作为明天本组的发言人，宣讲本组的初始计划。

（3）第二周课上（任务：项目路演）：小 D 进行初始策划报告，可是由于准备工作不足，有很多考虑不周的地方，在问答环节中，其余小组向小 D 宣讲过程中的策划漏洞和不合理之处发问，现场气氛比较激烈。

组长朱同学不断记录其他小组提出的问题和意见，同时对小 D 没有回答上的问题进行了补充解释。老师也向 0101 小组提出了几点建议：首先，调研小组应该将项目开展涉及的平台、课程视频的制作、课程与目标人群适配性等情况仔细分析思考、讨论，而不能随意确定工作策划。另外，本项目没有具体的任务达成标准，小组需自己制定具体的量化目标，以此判定推广情况的优劣、团队合作对抗的成绩；其次，0101 小组的初始策划中，没有提出多个应急策略，这样会使得实施过程一旦遇到意外，便无法进行下去，时间便会耽搁；最后，小组的策划撰写格式仍有问题，只规定了一个大概的框架，却没有将计划细化到每一天，也没有规定每个阶段的时间节点以及推广实际情况的分析优化预设，这样会使得整个小组没有紧迫感。由于课堂表现不佳，小组本堂课的得分较低，低于竞争对手团队。

（4）第二周课后至第三周课前（任务：修改策划、实施策划）：朱同学召集小组成员开会，进行反思并按照老师和同学们的意见对项目实施计划进行了调整，小组重新思考项目策划，将课堂上老师、同学提出的建议一起讨论、解决，并设想可能出现的意外情况准备好预案。第二天将调整后的策划发给老师审阅。老师审阅后，建议 0101 小组可进行实践尝试。

两天后，0101 小组进行第一次实践，结合整理好的材料，开始录制、剪辑、加工课程微视频，并上传至选定的平台上，将关键点、吸引点整理后通过分享推送、亲友传播、线下街推等方式进行推广。另外，在推广后进行回访，如在某小区出入处推广，可在后面几天仍在该地点回访推广效果及影响。定时查看、记录该在线课程的浏览量、评论量。评论可在推广中约定好评论标记，以此辅助认定推广效果。

次日晚上，组长朱同学结合实践中遇到的种种情况，召集会议。会议上，同学们的士气较低，都认为这个项目较难，目标人群回应较少，推广效果太差。经过朱同学悉心开导，不断鼓励，团队同学认为要继续努力去学习、实践尝试。在讨论分析遇到的各类问题后，朱同学决定，将持续记录查看在线课程的浏览量、评论量、评论意见等情况，并结合推广回访，优化改进推广宣传方式方法，争取提升推广效果。

次日，0101 小组进行新的调研学习，目标为学习、点击量较高的课程，他们详细研究分析讨论此类课程效果较好的各方面因素，整理并重新讨论制定推广策划。同时访问目标人群，询问他们的反馈意见，并介绍课程情况、邀请目标人群共同推广在线课程学习。但遇到的目标人群答应配合他们做调查的人数极少，而且在线课程浏览量增长不多。同时，目标人群对此推广的态度、对科普在线课程的学习也不很在意。

再一次的挫折让 0101 小组感受到极大的挫败感，小组成员的士气极低，组长朱同学也没有很好的办法，便求助老师，老师让她将本周实践的失败经历进行总结，并在下一次课上进行宣讲。

（5）第三周课上（任务：初期宣讲）：因为上一周的失败，0101 小组的成员们均不愿意上台宣讲，组长朱同学思考后决定，整理在进展过程中遇到的问题，在宣讲中将团队策划设想和实际所遇的情况一一说明，并诚恳地请求老师和同学给予帮助。

在各小组轮流提问的环节，同学们向 0101 小组提出了很多宝贵的建议，例如让他们可以向自己的同龄人宣传，再间接传播至中老年群体；可以修改完善在线课程的内容，结合调研内容重新录制一些贴合目标群体的微视频。而老师的建议则是 0101 小组不要气馁，工作要做好虽然很难，但当看到浏览量、关注量上涨的时候也是团队收获欢乐的时候，需要大家齐心协力想办法，协调各方面情况。这些中肯的意见都被 0101 小组一一记录。

（6）第三周课后至第四周课前（任务：改进策划）：经过第三周的课堂宣讲和交流，0101 小组找回了信心，他们开会过后，将实践策划进行了修改：小 A、小 B 负责调研目标人群的意见，并完善视频更新；小 C 负责收集 A、B 两位收集的反馈和自己在线上课程收到的反馈；小 D 整理分析线上、线下的项目反馈，提出自己的初步解决方案稿，并在工作集中会议上讨论、分析；组长总体跟进各成员的情况，及时调整大家的信息，优化策划方案，组织团队集中会议讨论整体工作。

五天后，0101 小组通过一系列的优化、改进，结合线上、线下的反馈，在线课程的推广取得了一定成果，学习关注量、点赞量、评论量都增长了一定的百分比，每天的实际数据经过汇总后制成了简单的报告和 PPT。

（7）第四周课上（任务：中期宣讲）：本周课的宣讲者为小 C，他将分析报告的第一版展示给老师和同学们，并将推广情况、线上课程学习情况均做了详细介绍，并分析了策划进展所起到的作用、回访者的反馈、改进的措施等。老师和同学们给出的意见是，按照回访的反馈，再修改推广策略，观察在线课程每日学习整体情况，分析两者之间的关联，形成分析报告第二版，然后再结合分析情况，撰写项目总结报告。老师提醒，下一周便是整个项目的结题阶段，分析报告必须完成，同时，结题报告和结题预答辩的准备也要完成。时间紧迫让 0101 小组感到压力倍增。

（8）第四周课后至第五周课前（任务：预总结、简历求职）：课后集中会议，讨论分析报告的撰写。朱同学提议，已开展的工作仍要继续，因为熟练后每天的效率会高一些；同时，每个成员在三天内将自己的工作进行总结分析，形成文字材料后三天内发送给小 D 同学。小 D 整理、汇总材料，并形成分析报告的初稿。小 C 根据分析报告作出宣讲 PPT，熟练掌握 PPT 内容，并准备在下一次课堂上进行宣讲。朱同学督促各个部分工作，保证分配的任务都顺利进行。

经过几周的训练，每一位组员都在梳理自身的能力水平之后，结合这段时间的经验和公司招聘要求等情况后共同制作简历，互相提出意见并修改完善，再提交至目标公司邮箱，等待投递结果。

五天后，再次集中会议，共同讨论分析报告初稿和 PPT 内容，加以修改，完成在线课程学习情况分析报告第二版的撰写。同时简历投递结果收到回复的有 3 人，大家讨论原因后又再次投递简历。

（9）第五周课上（任务：预答辩）：本周课的宣讲者为负责软件需求分析报告的小 C，他将分析报告的第二版展示给老师和同学们，并将课程推广的评论意见、关注量、点赞量等也总结罗列。老师和同学们给出的意见是，观察在线课程微视频各个数量的时间变化曲线原因，分析关联并形成分析报告第三版，然后再结合分析情况，撰写项目总结报告。同时，对于能力检测情况，简历投递所收到的回复情况不理想，需再次总结并尝试。老师提醒，再下一周便是整个项目的结题阶段，分析报告必须完成，同时，结题报告和结题答辩的准备也要完成。

(10)第五周课后至第六周课前(任务:材料最终收集、整理分析报告、准备答辩):这一周,0101 小组极为繁忙,小组开会过后决定,由朱同学和小 D 负责结题报告和结题宣讲的准备,小 C 会同小 A、小 B 持续跟进微视频推广任务,在结题报告前一天将推广工作在这段时间的变化分析报告和最终情况总结报给组长和小 D,完成需求分析报告第三版的工作,两项工作齐头并进,务必要在最后一次课的前一天完成。再次修改简历,投递到目标公司。

同时,组长整理项目中团队工作的反馈,并请所有组员查缺补漏、提出改进。

(11)第六周课上(任务:结题宣讲、答辩):结题由组长朱同学负责宣讲,小组全体同学进行配合,顺利结题。0101 小组最终将策划和分析报告、结题报告和其他资料汇总发给老师存档。

结合最终的在线课程微视频关注、点赞、分享、收藏、评论等学习情况、简历求职情况、老师的意见、同学的投票,按照最初制定的团队对抗规则,0101 小组胜过 1010 组,取得此次团队对抗项目的胜利。

<table>
<tr><td colspan="3">第一周 课前有话:
1. 什么是在线课程微视频在某类人群中的推广策划?
2. 撰写这种推广策划需要准备哪些知识?
3. 为什么我们要强调思维模式的重要性?
本周需要关注的能力点:团队协作、主动学习、结果导向思维</td></tr>
<tr><td>实施步骤</td><td>主要内容</td><td>教师评价</td></tr>
<tr><td>筹备会议</td><td>解决以下问题。
1. 什么是在线课程微视频在某类人群中的推广策划?
目标的根本、需小组讨论思考、统一思路

2. 撰写这种推广策划需要准备哪些知识?
一个项目体系的总体把握,不断自我思考、质疑并讨论解决方案。

3. 如何分工学习准备知识?</td><td></td></tr>
</table>

	4. 我们的目标是什么？ 5. 我们最终会形成哪些可量化、可视化的成果展示？	
项目选题	1. 老师给出的项目介绍和规则是什么？ 2. 本组的项目名称是什么？	
预期意义	1. 我们为什么要选择这个项目名称？ 2. 这个项目具有哪些意义？ 3. 预计项目能锻炼我们什么样的职业能力？	

资源准备	1. 除了书上为我们提供的知识资源以外，我们还应该学习些什么？ 2. 可以去哪里学习上述知识呢？	
集中研讨会	1. 我们制定的项目计划是什么？ 2. 我们的项目分工是什么？ 3. 在这个实践项目中，我的职责（分工）是什么呢？	

4. 队友们的职责（分工）又是什么呢？

5. 这次项目中，我准备如何帮助队友完成他们的任务？

小知识

新媒体运营

我们当下所说的新媒体运营，一般指一类运营方式方法，即通过类似常见的微信、QQ、抖音、哔哩哔哩网站等移动互联网新兴媒体平台进行有目的的宣传、推广、产品营销。新媒体运营十分便捷，因为流量巨大且易于操作。可以对许多品牌的相关新闻、特质、价格等等进行不同的宣传，且会有溢出效应，往往会有很多人转发转贴、宣传，有意料外的推广力度。但本质上，这仍属于营销，在许多兴趣爱好者中也同时存在很多专业运营者，知名度、参与度很高之后便是一种能力、影响力的体现。

新媒体运营如图 4-8 所示。

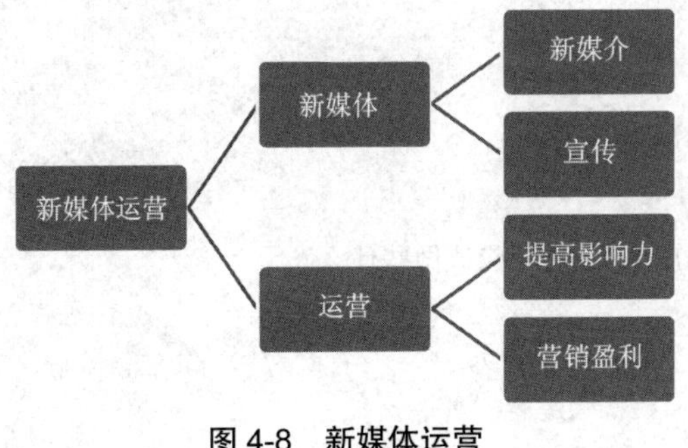

图 4-8　新媒体运营

会议纪要	请在此处附上会议纪要。	
编制计划表、进度表	1. 此项目的计划表、进度表应该如何绘制？ 2. 除了计划表、进度表，我们还应该做些什么？	

准备策划报告

1. 策划报告需要准备哪些内容？如何分工？

表 4-3　分工情况

负责人	内容	准备情况

2. 本组是以什么标准来选定宣讲人的？

3. 我们准备的组内激励规则有哪些？请罗列。

<table>
<tr><td rowspan="3">个人
总结</td><td>1. 项目进行到目前这个阶段，我做了哪些工作？</td><td rowspan="3"></td></tr>
<tr><td>2. 团队中我的分工内容完成情况如何？</td></tr>
<tr><td>3. 下一周，我有什么计划？</td></tr>
</table>

第二周 课前有话：
1. 关于我们团队的项目策划你熟练掌握吗？
2. 课堂宣讲的准备有哪些？
3. 关键词：演讲、解决问题。
本周需要关注的能力点：沟通交流、技能实践、担责抗压

策划报告

1. 策划报告需要注意哪些问题？

表 4-4　课堂报告准备

需准备项目	报告人如何准备	备注
衣着		
目光		
手势		
礼节		
讲稿（提词卡）		
应变		

2. 请将报告人的讲述逻辑用流程图表示。

报告过程记录

1. 同学们提出了哪些问题？

表 4-5　同学们的意见和建议记录表

同学们的意见和建议	本组的应对策略

2. 老师提出了哪些问题？

表 4-6　老师的意见和建议记录表

老师的意见和建议	本组的应对策略

3. 宣讲人的本场表现记录

表 4-7　宣讲人的表现记录表

表现好的方面	表现不好的方面

<table>
<tr><td rowspan="1">激励规则</td><td>1. 在竞争中如何提高组员绩效？

2. 本组成员是否都明确对抗规则并能抓住对抗胜利的关键要素？

3. 本周分数记录及本周我的绩效记录。</td><td></td></tr>
</table>

难点自析	1. 通过宣讲和答辩，我们发现初始策划中有哪些工作难度较大？ 2. 在项目实施的过程中，我们可能碰到什么样的困难？ 3. 我们是否有应对这些困难的准备？	
请求协助	1. 当我们遇到困难无法解决时，该向谁求助？ 2. 有哪些方法能够帮助我成功得到他人的帮助？ 3. 向他人求助时，我要注意哪些细节？	

集中研讨会	1. 根据课堂宣讲情况，策划报告如何修改？ 2. 策划的实施安排？ 请在此处附上集中研讨会会议纪要。	

实施	1. 项目实施前，我们做了哪些准备工作？ 2. 我们在项目实施前的预想是什么？ 3. 项目实施的过程中可能遇到什么样的问题？ 4. 我们可以采取哪些措施去解决这些潜在的问题？	

<table>
<tr><td>实施后阶段总结会</td><td>1. 实施后的阶段总结会会议纪要。

2. 调整后的计划，请附上计划表。</td><td></td></tr>
<tr><td>实施</td><td>实施过程记录。

表 4-8　实施过程记录表
<table><tr><th>工作子项名称</th><th>所遇问题</th><th>解决办法</th></tr><tr><td></td><td></td><td></td></tr><tr><td></td><td></td><td></td></tr><tr><td></td><td></td><td></td></tr><tr><td></td><td></td><td></td></tr><tr><td></td><td></td><td></td></tr><tr><td></td><td></td><td></td></tr><tr><td></td><td></td><td></td></tr><tr><td></td><td></td><td></td></tr><tr><td></td><td></td><td></td></tr></table></td><td></td></tr>
</table>

小结	请在此处附上总结。 1. 本周项目实施中，我总结了哪些经验？ 2. 本周项目实施中，我还有哪些不足？	
下周计划	1. 团队下周的计划是什么？ 2. 下周计划中我的分工是什么？	

3. 我应该采取什么样的方法提高个人绩效？

小知识

职场工作中的九个核心词汇

沟通：与领导沟通、与同事沟通、与其他部门沟通、与客户沟通、与竞争对手沟通。

自律：禁得住诱惑、耐得住寂寞、守得住底线、管得住嘴巴。

高效：高质量效果、高质量效率。

思考：思考工作的目的、思考领导的意图、思考客户的需求。

抗压：工作任务压力、工作关系压力。

责任：即自信和勇气，有责任才有担当。

平衡：家庭生活与工作之间的平衡。

合作：不是单打独斗，不能一个人承担。

敬业：尊敬自己的职业工作。

第三周 课前有话：
1. 我们应该如何评估目前的项目实施效果？
2. 如何进行资料的收集、归档？
3. 目前遇到了哪些问题？
本周需要关注的能力点：沟通交流、技能实践、信息处理

项目实施初期宣讲

1. 请梳理一下我们目前做了哪些工作。

表 4-9 上周工作梳理

实施的行动	效果情况	简单分析总结

2. 宣讲记录

表 4-10 宣讲记录

宣讲内容	所提意见	解决办法

3. 本周分数记录，本周我的绩效记录。

对抗团队项目实施情况分析	1. 对抗团队项目实施情况简述。 2.“对标对表”分析对抗双方的优缺点。 3. 本组的应对策略。	

实施过程问题归因	1. 我们在项目实施的过程中有哪些不尽人意的地方？ 2. 我所做的工作中有哪些不太令人满意之处？ 3. 老师和同学们的意见有哪些？	

集中研讨会	请在此处附上会议纪要。 1. 组内是如何找到所面临问题的解决方法？ 2. 组内对实施方案的细则是否进行了讨论？讨论内容是什么？	

<table>
<tr><td>项目
推进
过程</td><td>1. 这一周我们团队做了哪些工作？

2. 这些工作中我负责的是哪部分？

3. 我负责的这部分的团队绩效如何？</td><td></td></tr>
</table>

小知识

过程决策程序图（PDPC：Process Decision Program Chart）

PDPC：在进行某一项工作前或开展工作中，预测可能遇到的问题和情况，并设想相应的对策措施，一步步导向最终理想目标。这一过程即为过程决策程序图。

在工作中，如果没有任何准备，在进行工作时，会遇到许多困难情况导致工作进展缓慢或停顿。PDPC 可对这类情况的发生提前预测，减少许多意外事故的发生。

PDPC 的步骤：

●准备：针对要做的工作成立一个团队，确定该团队对该工作的思考；

●提出基本方案：给工作问题提出基本解决方案；

●讨论困难：对方案各个步骤讨论，提出可能遇到的困难，尽可能概括全面，包括不可预料的风险；

●记录：每一步都记录结果，包括“这一步可能遇到什么情况”和“还有其他解决方法吗？”

●优化：综合所有步骤、困难、解决办法，整体全流程的再次思考，并确定各步骤时间；

●评估：结合时间进度对每一步实际情况进行评估，调整后面的工作。

过程决策程序示意图如图 4-9 所示。

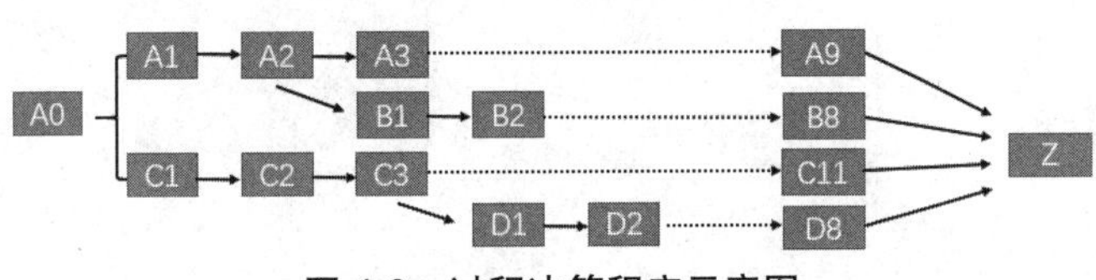

图 4-9　过程决策程序示意图

下周计划	1. 团队的下周计划是什么？ 2. 下周计划中我的分工是什么？ 3. 我应该采取什么样的方法提高个人绩效？	

第四周 课前有话：
1. 中期宣讲你们应该怎么准备？
2. 是否准备了可能被问到的问题的答案？
3. 对于项目进程，团队成员掌握情况是什么样的？
本周需要关注的能力点：信息处理、总结提升、职业思维

项目实施中期宣讲

1. 请梳理一下我们目前做了哪些工作。

表 4-11　上周工作梳理

实施的行动	效果情况	简单分析总结

2. 宣讲记录

表 4-12　宣讲记录

宣讲内容	所提意见	解决办法

3. 本周分数记录及本周我的绩效记录。

对抗团队项目实施情况分析	1. 对抗团队项目实施情况简述。 2."对标对表"分析对抗双方的优缺点。 3. 本组的应对策略。	

实施过程问题归因	1. 在本周项目实施的过程中有哪些表现不佳的地方？ 2. 我所做的工作中有哪些不太令人满意之处？ 3. 请对问题 1 和问题 2 进行内、外归因。	

<table>
<tr>
<td>集中研讨会</td>
<td>请在此处附上会议纪要：
1. 组内是如何找到所面临问题的解决方法呢？

2. 组内对下一次实施方案的细则是否进行了讨论？讨论的内容是什么？

小知识
求职心理状态与调节
求职是个过程，不同人会有不同的复杂心理变化，如何认识并调节求职前的心理状态，对寻找到满意的工作十分重要。
可能的负面心理状态：
●盲目自信：学习好、学校好、专业好、就业资源好，在这种情况下求职者可能太过自信，无法认清自己的缺点，对困难预估过低，在求职中易受挫。
●自卑心理：因学习、学历、学校、专业、家庭背景等众多因素，缺乏自信心，不敢面对激烈的竞争，自认为什么条件都比不上别人、什么工作都做不好。
●过于功利：只看重眼前利益，对工作的单位、岗位、待遇、面子十分看重。
●犹豫不决：就业会遇到很多机会，来回比较，犹豫不决，往往会错过机遇。
调节方法：
●理性分析：理性识别自己的情绪，分析自己的心理状态，倾听他人的劝解，换个角度思考。
●肯定自我：理性分析自己的优势，正面挫败，暗示并肯定自己“你能行，会成功的”。
●放松状态：好好休息，静心对待，紧张焦虑时可采取深呼吸调节或运动发泄压力等方法，放松后冷静分析，调整求职计划。
●寻找帮助：主动寻找他人帮助，如家人、朋友、老师等，不同人群的角度不同，提供的帮助也不同；或者向专业人士进行心理咨询。</td>
<td></td>
</tr>
</table>

能力检测	1. 这几周我对这个工作了解到了什么？ 2. 我具备胜任这个工作的能力了吗？ 3. 我要如何制作简历才能投递成功？ 4. 公司是否回复了我，我的思考是什么？	

下周计划	1. 团队的下周计划是什么？ 2. 下周计划中我的分工是什么？	

第五周 课前有话：
1. 结题报告如何撰写？
2. 结题预答辩材料整理怎么样了？
3. 本周还有哪些要抓紧做的工作？
本周需要关注的能力点：总结提升、职业思维

结题预答辩准备情况

1. 请梳理一下目前项目情况。

表 4-13　目前项目情况

已取得成果	未达到的目标	简单分析总结

2. 预答辩记录

表 4-14　预答辩记录

已取得成果	未达到的目标	简单分析总结

3. 本周分数记录及本周我的绩效记录。

结题预答辩对抗团队情况	1. 对抗团队项目情况简述。 2. 分析对比双方目前的成绩差距。 3. 若领先，请列举保持领先的策略；若落后，请列举反败为胜的策略。	

<table>
<tr><td>冲刺
行动
会议</td><td>1. 最后一周，我们的项目还需要准备哪些工作？

2. 最后一周，我还需要做哪些工作？

3. 团队冲刺工作记录。</td><td></td></tr>
<tr><td>汇总
结题
答辩
材料</td><td>1. 结题答辩所需材料准备情况？

表 4-15　结题答辩所需材料准备
<table><tr><th>答辩所需材料</th><th>准备情况</th><th>负责人</th></tr><tr><td></td><td></td><td></td></tr><tr><td></td><td></td><td></td></tr><tr><td></td><td></td><td></td></tr><tr><td></td><td></td><td></td></tr><tr><td></td><td></td><td></td></tr><tr><td></td><td></td><td></td></tr><tr><td></td><td></td><td></td></tr><tr><td></td><td></td><td></td></tr></table>
2. 仍存在的问题。</td><td></td></tr>
</table>

第六周 课前有话：

1. 请每组安排组员用手机录制本组的答辩过程。
2. 最后感谢所有帮助过你的老师和同学们。

本周需要关注的能力点：总结提升、职业思维

<table>
<tr><td>结题
答辩</td><td>将答辩记录记在此处。

最终对抗分数记录在此处。</td><td></td></tr>
<tr><td>对抗
结果</td><td>1. 自己的总结。

2. 在线课程情况总结。

3. 老师的总结。</td><td></td></tr>
</table>

	4. 同学的投票。 5. 简历求职结果。	

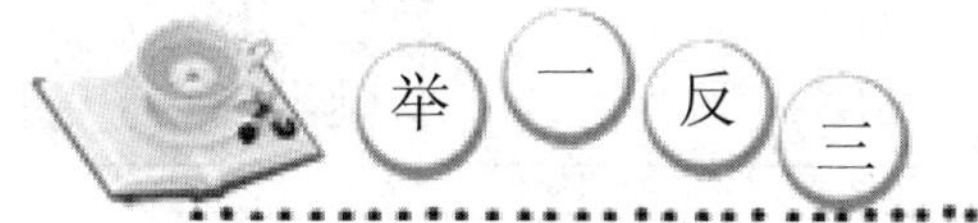

请学有余力的小组完成以下职业素质与就业指导训练项目：

行业实习（新媒体运营助理）

总结思考微视频推广项目的经验，选择目标企业，投递简历或参加招聘会，利用假期时间进入该公司实习。在实习过程中注意观察学习，并记录实习日志，熟悉职场思维，训练职场习惯。

学有余力的同学，还可以选修以下课程：

名称	作者	出版社	ISBN	图书图片
《团队竞争力》	（美）丹尼尔·戈尔曼（Daniel Goleman）等著；蒋荟蓉等译	中信出版社	9787508667270	

续表

名称	作者	出版社	ISBN	图书图片
《组织管理与领导力》	安铁龙 兰芳主编	南开大学出版社	9787310054879	
《沟通的艺术》	[美]罗纳德•B•阿德勒/拉塞尔•F•普罗科特	北京联合出版有限公司	9787559615657	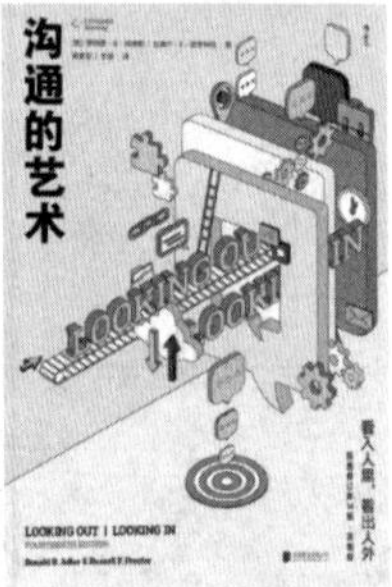

项目五　电子信息技术专业学生试水职场

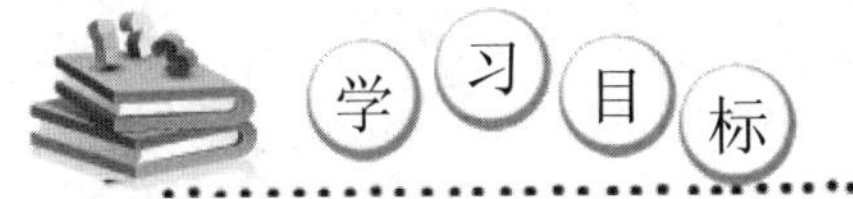

职业活动是实现社会人生存和发展的基本活动，是人们获得劳动报酬的主要来源，也是实现人生价值的重要途径。随着社会经济不断发展，产业升级不断加速，各行各业对人才的要求与日俱增，职业院校学生面临的就业压力也越来越大。在当今社会，电子信息技术专业学生要想顺利找到合适的职业岗位，就像驾车有了导航系统才能更安全准确到达目的地，必须要对职业生涯规划有充分的认知。

通过本项目的实践，你应该达到以下学习目标（图 5-1）。

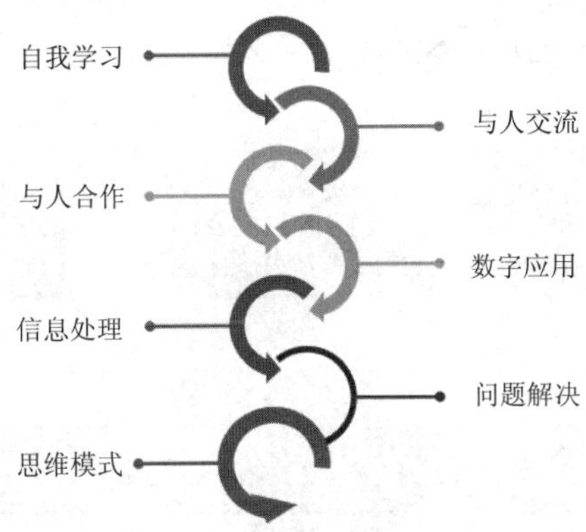

图 5-1　需要达到的学习目标

●自我学习：①掌握职业生涯规划的主要理论；②学会自我探索的方法；③学会职业环境探索的方法；④学会职业决策的方法。

●与人交流：①能够准确翔实阐述职业生涯规划的重要性；②能够帮助队友探索职业生涯规划，能够利用图表、PPT 等阐述自己的职业生涯规划。

●与人合作：①学会和队友合作完成职业测评，分享测评感悟；②学会和队友一同探寻并践行职业生涯规划方案。

●数字应用：①掌握霍兰德职业兴趣测试；②结合测评结果，能够对自我认知、职业探索、职业环境、职业选择进行归纳总结；③能够完成信息产业人才需求的数据分析。

●信息处理：①能够结合职业目标，撰写个人简历；②能够撰写职业生涯规划书；③掌握获取职业信息的途径。

●问题解决：①能够做好择业谋职准备；②能够制定职业生涯行动计划。

●思维模式：①学会管理职业生涯规划；②形成一套适合自身发展的职业生涯规划。

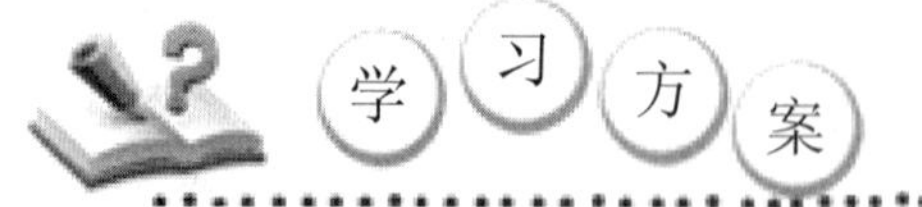

1. 职业关键能力的训练闭环

职业关键能力的训练闭环如图 5-2 所示。

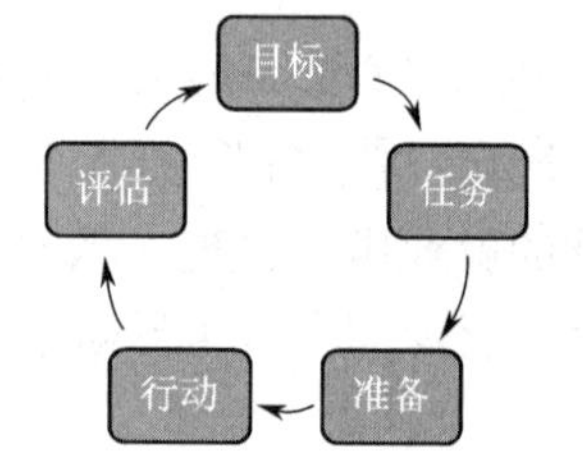

图 5-2　职业关键能力的训练闭环

2. 本项目的训练参考流程

“职场试水”可以参照图 5-3 步骤进行。

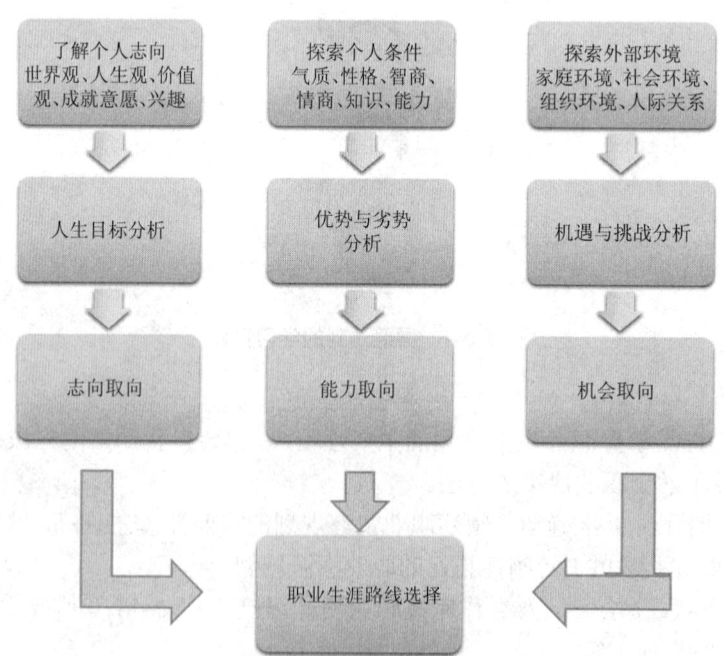

图 5-3　本项目的训练步骤

第一步：实践小组开展自我探索环节，了解能力、兴趣、人格特质、价值观的概念，掌握能力、兴趣、人格特质、价值观的评定方法。

第二步：实践小组开展环境探索环节，认识环境对个人职业发展的意义和价值，学会环境探索的基本方法。

第三步：实践小组开展职业探索环节，了解职业信息的内容，掌握择业常用方法。

第四步：了解职业生涯规划的原则和方法后，制定个人职业生涯规划。

第五步：完成个人生涯规划的初稿，制作演讲 PPT 并在班级上演讲，根据演讲情况再次修订职业生涯规划，最终形成职业生涯规划终稿。

第六步：结合职业目标，制作个人简历。

本步骤仅作为参考，在项目实施过程中若遇到突发的情况，教师或学生可根据情况进行调整。

1. 情景导入

图 5-4　情景导入

某职业院校电子信息技术专业的学生郝磊，经历了一段适应期后，开始担心自己将来如何就业的问题。他发现班里的同学晚上沉迷网络游戏，白天没精神上课打瞌睡，周末除了睡觉就是玩。

面对周围同学沉迷于网络游戏、小说、网上聊天等现状，郝磊想改变这种状况，认真上课，抽空自习，努力为自己争个前程，这被其他同学认为是“傻瓜”。郝磊觉得自己很孤单，感觉自己随波逐流，既对不起父母的养育之恩，也浪费了自己的学习时光，对未来感到很迷茫。

同学们，你们是否也有过类似郝磊的困惑呢，让我们一起通过制定职业生涯规划的方式，使我们的学习目标明确，生活更加充实。

2. 成果要求

学生需提交材料如表 5-1 所示。

表 5-1 学生需提交材料列表

所需材料名称	数量
职业生涯规划报告	1 份
个人简历	1 份
职业关键能力训练项目结题报告	1 份
结题汇报 PPT	1 份
汇报录像	1 份
佐证材料（图片、调查表等）	不限
完成本项目任务实施部分	所有要求填写的空格

职业生涯规划模板由任课教师自定，训练项目结题报告模板（图 5-5）详见附件及课程资料包。

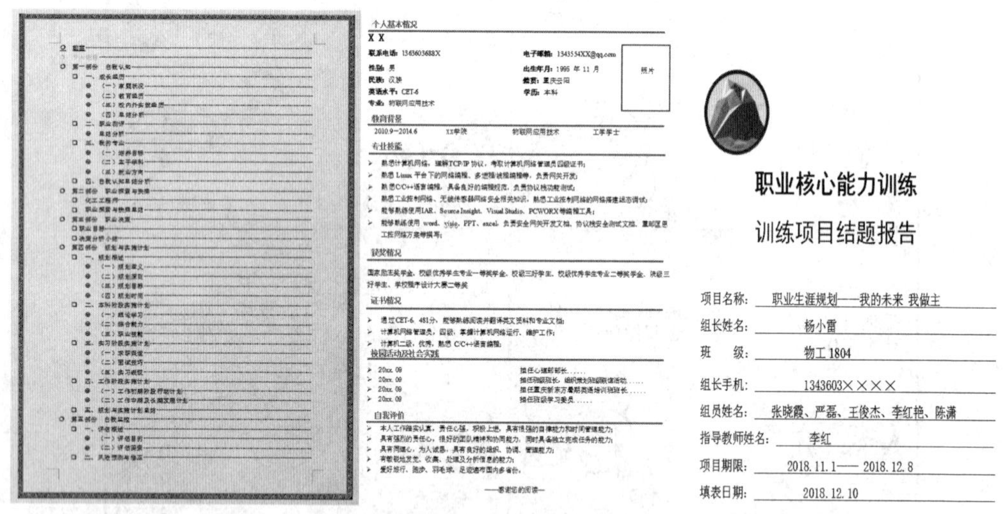

图 5-5 项目需完成的职业生涯规划书、个人简历和结题报告

3. 知识准备

3.1 职业生涯规划的基本理论

3.1.1 帕森斯的特质因素理论

美国波士顿大学教授弗兰克•帕森斯于 1909 年提出特质因素理论，该理论又被称为人职匹配理论。特质是指人的人格特征，包括能力、倾向、兴趣、价值观和人格等。因素是指在工作中能够发挥潜能需具备的条件和资格。帕森斯认为，只有个人人格模式与职业类型相匹配，才能发挥个人工作的最大潜能。

3.1.2　霍兰德的职业兴趣理论

美国约翰·霍普金斯大学的心理学教授约翰·霍兰德于 1959 年提出了职业兴趣理论。该理论将人格特质分为六种类型，即现实型、研究型、艺术型、社会型、企业型、常规型。霍兰德将这六种人格类型放在同一个正六角形的每一角，如图 5-6 所示。其中，越靠近的人格特质的共同点越多，相隔人格特质的共同点较少，相对人格特质的共同点最少。

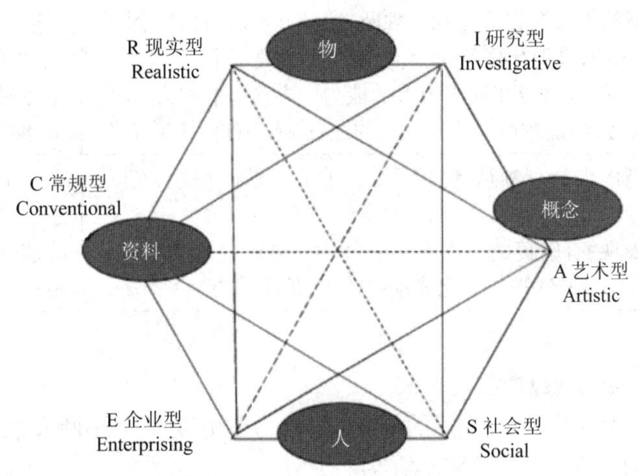

图 5-6　霍兰德人格六角形模型

相应地，该理论将职业环境也同样分为六种类型，人格（兴趣）类型与职业的对应如表 5-2 所示。

表 5-2　人格(兴趣)类型与职业对应表

类型	特点描述	典型职业
R 现实型	此类型的人具有顺从、坦率、谦虚、自然、实际、有礼、害羞、稳健、节俭、物质主义的特征 行为表现：爱劳动、有机械操作的能力。喜欢做和物体、机械、动物、植物有关的工作，是勤奋的技术家	人际要求不高的技术性工作，如劳动人员、机械员、工程师、电工、飞机机械师
I 研究型	此类型的人具有分析、谨慎、批评、好奇、独立、聪明、内向、条理、谦逊、精确、理性、保守的特征 行为表现：有数理能力和科学研究精神。喜欢观察、学习、思考、分析和解决问题，是重视客观的科学家	具备思考和创造，社交要求不高，如从事生物、医学、化学、物理、地质、天文、人类等研究的科学家、工程师
A 艺术型	此类型的人具有复杂、想象、冲动、独立、直觉、失秩序、情绪化、理想化、不顺从、有创意、富有激情、不重实际的特征 行为表现：有艺术、直觉、创作的能力。喜欢用想象力和创造力，从事美感的创作，是表现美的艺术家	具备艺术性、直觉独创性，从事艺术创作的，如作家、音乐家、画家、设计师、演员、舞蹈家、诗人

续表

类型	特点描述	典型职业
S 社会型	此类型的人具有合作、友善、慷慨、助人、仁慈、负责、圆滑、善社交、善解人意、说服他人、理想主义、富洞察力的特征 行为表现：有教导、宽容以及与人温暖相处的能力。喜欢与人接触，以教学或协助的方式，增加他人的知识、自尊心、幸福感，是温暖的助人者	与人打交道的，具备高水平沟通技能，热情助人的，如教师、心理师、辅导人员、教会工作者
E 社会型	此类型的人具有冒险、野心、独断、冲动、乐观、自信、追求享受、精力充沛、善于社交、获取关注、知名度高等特征 行为表现：有领导和说服他人的能力。喜欢以影响力、说服力和人群互动，追求政治或经济上的成就，是有自信的领导者	管理、督导、具有领导力的，善于言行，有说服力，如企业家、政治家、法学家、推销员
C 常规型	此类型的人具有顺从、谨慎、保守、自抑、规律、坚毅、实际、稳重、有效率、缺乏想象力等特征 行为表现：有敏捷的文书和计算能力。喜欢处理文书或数字数据，注意细节、按指示完成琐碎的事，是谨慎的事务家	注重细节讲究精确的，办公、事务性的，如银行人员、财税专家、文书处理、秘书、数据处理人员

3.1.3 舒伯的生涯发展理论

舒伯于 1953 年最早提出“生涯”的概念，他认为生涯是一个不断发展的过程，从幼儿时期开始伴随一个人的一生。

舒伯的生涯发展理论将生涯分为成长阶段（0~14 岁）、探索阶段（15~24 岁）、建立阶段（25~44 岁）、维持阶段（45~65 岁）和衰退阶段（65 岁以上）这五个阶段，如图 5-7 所示。舒伯认为，生涯发展的过程在每个阶段都有需要承担的职责和角色以及不同发展任务，前一阶段发展任务的完成情况将影响下一阶段的发展。

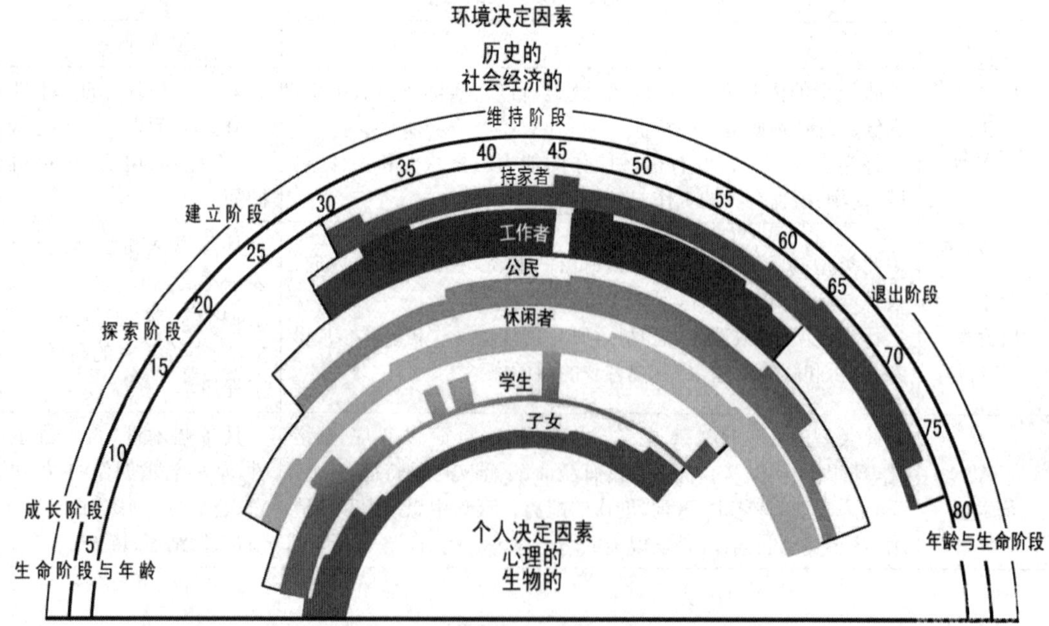

图 5-7 舒伯的生涯彩虹图

3.1.4　施恩的职业锚理论

施恩的“职业锚”是指一个人在任何时候作出职业选择时，无论如何都不会放弃的重要东西或者价值观，就是说，人们进行职业选择时始终围绕的中心。职业锚有以下八种类型（图 5-8）：

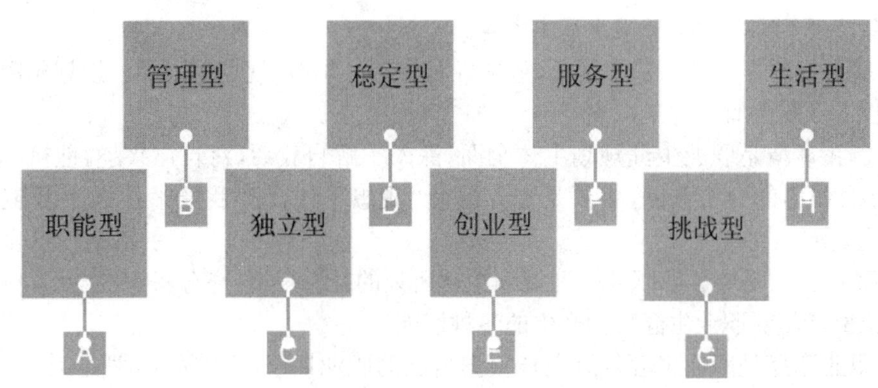

图 5-8　职业锚的八种类型

职能型

职能型的人追求在专业领域技术技能的成长和提高，通常来说，他们认可自己的专业水平，并且喜欢来自专业领域的挑战。

管理型

管理型的人期望得到职位上的晋升，致力于提升自己在管理方面的能力，他们的主人公意识普遍较强，易融入企业文化，并将企业的发展和成功当作自己的工作。

独立型

独立型的人追求自由和随心所欲，在工作、学习和生活上希望独立自主的选择自己喜欢的方式，不喜欢受到组织的约束和监督。

稳定型

稳定型的人不喜欢变化和波动，喜欢既有的舒适环境，乐于当下的安全状态。他们希望未来也像现在一样，而不是一味追求更高的目标和要求。

创业型

创业型的人勇于进取、善于创新。他们不希望安于当下的舒适环境，甘心冒险去改变现状，哪怕为此付出更多。他们想努力开创自己的事业，以证明自己的价值。

服务型

服务型的人有着自己内在的精神追求和信念操守，他们不想改变自己的价值观念。如果让他们为了改变这种价值观念而去改变自己，他们则不会接受，哪怕这种改变会有更好的物质激励。

挑战型

挑战型的人不安于现状，不甘于平常。他们希望通过挑战来战胜别人，通过克服难以克服的困难，达成新的、更高的目标，这会让他们感到满足。

生活型

生活型的人追求家庭与工作的和谐，他们认为工作是带来更好生活的客观需要，工作能使生活变得更好。希望在组织中努力工作，以实现生活各个方面的平衡和统一。

3.2 职业生涯规划书的基本内容

（1）职业生涯规划书是职业生涯规划的书面表达形式，包括扉页、自我评估、环境评估、职业选择、生涯策略和评估反馈等基本内容。

（2）扉页主要介绍个人基本情况，包括姓名、专业、年级、规划年限等。规划年限有长有短，一般以 3~5 年为宜。

（3）自我评估是职业生涯规划主体全面、深入了解自我后，对自己兴趣、性格、能力、价值观等方面作出的分析判断，主要是想弄清楚“我想干什么”“我能干什么”“我应该干什么”等问题。

（4）环境评估是要了解职业生涯规划主体所处的社会环境，充分考虑社会经济环境、学校环境、家庭环境对职业生涯规划产生的各种影响。

（5）职业选择是职业生涯规划主体根据自己的职业期望，凭借自我评估、环境评估，使自身素质与岗位要求相符合的过程。

（6）生涯策略是确定生涯目标后，通过制定翔实的策略方案，包括长期、中期、短期的职业生涯规划计划，使自己不断符合职业目标的要求。

（7）评估与反馈是职业生涯规划主体在践行职业生涯规划方案的过程中，要随时根据反馈情况评估职业生涯规划，调整职业生涯规划，从而保证职业生涯规划目标的实现。

3.3 推荐参考资料

名称	作者	出版社	ISBN	图书图片
《大学生职业生涯发展与规划》	石笑寒、张艺主编	清华大学出版社	9787302461524	
《大学生职业生涯规划咨询案例精编》	北森生涯学院主编	华东师范大学出版社	9787567564695	

续表

名称	作者	出版社	ISBN	图书图片
《大学生职业生涯发展与规划(第二版)》	钟谷兰,杨开编著	华东师范大学出版社	9787567542419	

4. 参考案例

案例项目:试水职场

项目简介:校园双选会正在火热进行,某高职院校应届毕业生王某,看到周围的同学都在积极准备简历,四处参加面试,且很多同学都已经通过面试,或开始准备去相关单位实习,而自己却整日躲在寝室里睡觉、玩游戏,看似悠然自得,实则内心十分焦虑。王某读书期间,没有认真思考自己将来的职业发展问题,总觉得时间还很充分,然而三年学习时光匆匆而过,当面临求职就业的毕业季时,王某才觉得自己一无所知,几次失败的面试经历更加让王某无所适从。

高职阶段是学业到职业的过渡阶段,正所谓不打无准备之仗,基于王某的经验教训,学生应该从一年级开始就为就业做好充分准备,根据专业培养方案和自身情况进行有效的职业生涯规划,才能找到正确的职业方向,从而在毕业求职时能够从容不迫地走向职场。

项目参与小组:物应 1702 班•蒲公英小组

项目指导老师:吴老师

项目开展时间:第 25 至 30 周

项目开展流程如图 5-9 所示。

团队组建
第一周
课后理论学习、项目分析与初始计划制定
课后
职业生涯规划
——自我认知
第二周
探索职业兴趣
探索职业能力
探索职业
价值观
撰写职业生涯规划
之认识自我
课后
职业生涯规划
之职场探索
第三周
信息产业人才
需求调研
职业探索模块
的撰写
课后
职业生涯规划
之职业决策
第四周
准备职业生涯规划比赛
课后
职业生涯
规划比赛
第五周
准备个人简历
课后
个人简历比赛
第六周
上交相关资料

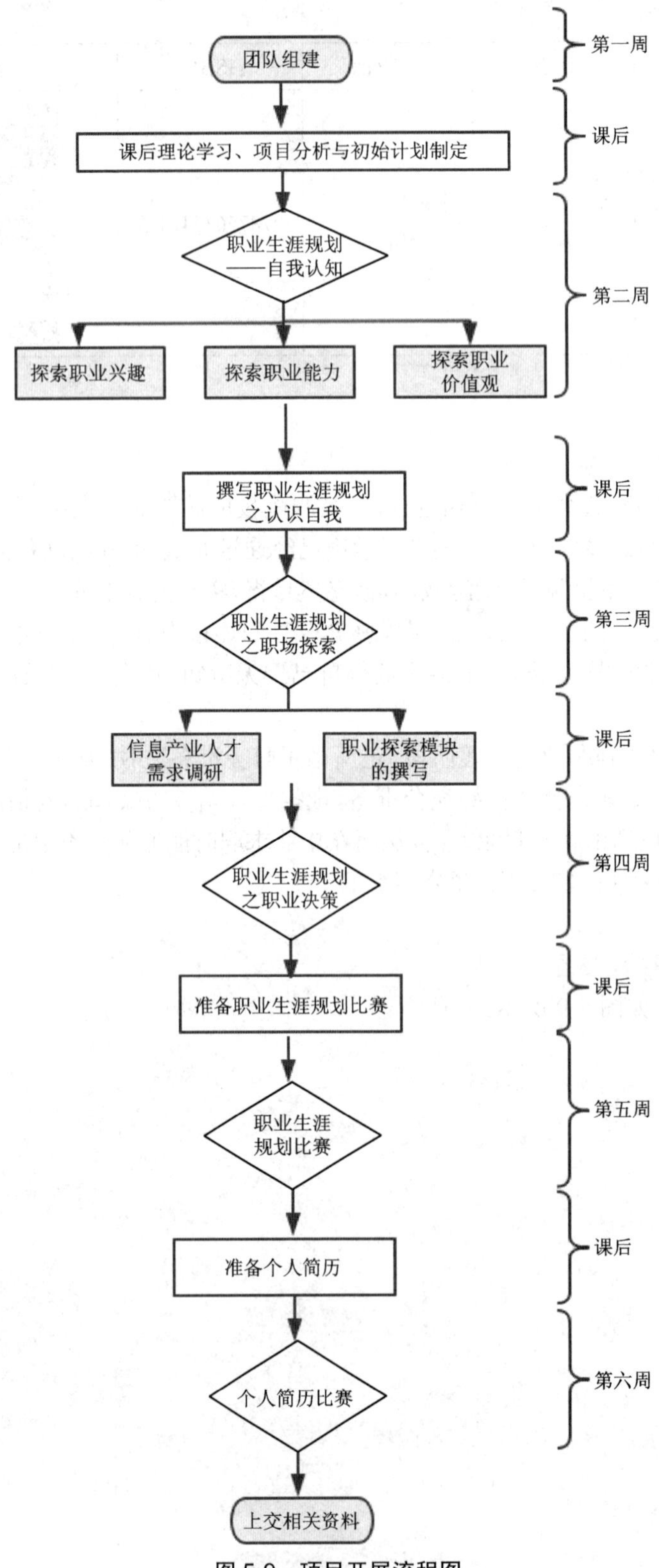

图 5-9 项目开展流程图

项目开展流程简述（按行课周）：

（1）第一周课上（任务：团队组建）：根据吴老师制定的分组规则，全班同学报数1~5，相同数字的同学组成一组。报数1的有杨、陈、李、王、张5位同学。小组成立以后，通过组内竞选，杨同学成功当选小组组长。杨同学组织大家商议小组组名和组训等，最终商议决定小组名称为蒲公英队。吴老师安排各个小组在课堂上定下完成本项目的小组目标。杨同学组织小组成员讨论商议后，定下了全组的最高目标：高质量完成职业生涯规划报告、职业关键能力项目结题报告，项目得分为全班第一名，并参加学校职业生涯规划大赛且获奖；最低目标是高质量完成职业生涯规划报告、职业关键能力项目结题报告，项目得分全班前二。

为了开启同学们的职业生涯规划之路，吴老师请同学们以小组为单位，分享自己“我之所以读书的十大理由”，由小组归纳总结组员最重要的十大理由，小组派代表在班里发言“我之所以读书的十大理由”，最后全班评选出大家公认的“读书的十大理由”。

吴老师指导大家开展20个“我是谁”活动，让全班同学在5分钟内，写下以“我”开头的20个词句，以此帮助同学们更好地认识自我。

（2）第一周课后（任务：课后理论学习、项目分析与初始计划制定）：扎实的职业生涯规划理论可以帮助同学们作出有关职业和生活的正确选择，有助于同学们制定职业生涯规划。吴老师在课堂上要求班上同学利用课余时间学习职业生涯规划的基本理论，下周将随机抽取每组的一位同学作为小组代表阐述一个职业生涯规划理论，范围包括帕森斯的特质因素论、罗伊的人格发展理论、弗鲁姆的择业动机理论、舒伯的终身职业生涯发展阶段理论、施恩的职业生涯发展阶段理论以及职业锚理论，答对的团队加分，答错的团队扣分。吴老师提醒班上的同学要充分利用互联网和学校图书馆资源，提醒同学们不管是网络资源还是图书馆资源，其中关于职业生涯规划理论的内容都是非常丰富的，应积极加以利用。

两天后，杨队长安排组员同学集中学习，小组成员各自带上查找到的职业生涯规划资料，共同学习职业生涯规划基础理论。通过集中学习，蒲公英队的队员都能轻松阐述吴老师安排的理论学习任务，小组成员信心满满。蒲公英小组开始制定项目初始计划，计划中写明了整个项目所需的时间、资源、分工以及下一周具体实施阶段的步骤等。

第二次课前两天，蒲公英小组完成项目初始计划，并准备好PPT和相关资料，组长杨同学指定李同学作为发言人，宣讲本组的初始计划。

（3）第二周课上（任务：职业生涯规划——自我认知）：上课伊始，吴老师首先检查上周作业，小组同学对几个职业生涯规划理论胸有成竹。蒲公英队的张同学被点名要求阐释弗鲁姆的择业动机理论，由于缺乏当众演讲的经验，张同学发言的时候略显紧张，声音稍小，语气、姿势没有和自己的演讲相得益彰。但是，吴老师和班上其他同学都看得出来张同学准备很认真，态度决定一切，能力可以培养，大家都给予了他热烈的掌声。张同学不负众望，顺利完成任务。接着，李同学站上讲台进行宣讲，在问答环节中，其余小组轮番对李同学宣讲计划的不合理之处发问，现场气氛激烈。

杨同学发言后，其他小组的同学也陆续被吴老师抽到阐述职业生涯规划的主要理论。通过这一轮的汇报，大家对于职业生涯规划理论有了更多的认识和更全面的了解。

课堂上，为了帮助同学们体验有无目标对人心智效率的影响，吴老师指导班上同学做了一个心理实验。首先，吴老师请全班同学闭上眼睛，回忆周围哪些东西是蓝色的，这时可能同学们记忆起来的东西不多。然后，吴老师请班上同学睁开眼睛，看看周围哪些蓝色东西被遗漏掉了，吴老师提醒小组同学可以交流各自发现的蓝色物体。这时，同学们发现蓝色物品一直在那里，没有目标时就容易忽视，有了目标后，就会积极关注，并且需要的资源也会不断涌来。

为了帮助班上同学体验职业生涯规划的意义和价值，吴老师指导班上同学开展“我的旅行计划”活动。吴老师将已经准备好的世界地图呈现在 PPT 上，引导同学们找出自己最想去的地方，然后撰写一份旅行计划。小组成员在小组内分享旅行计划，每人五分钟，旅行计划的内容包括：我想去什么地方；我有多少钱或者时间；为什么我要去那里；什么是我必须要带的；目的地景点怎么样；要花多少钱；可以怎么去等。分享完毕后，吴老师帮助同学们分析旅行计划制定和职业生涯规划的相似处，引导班上同学总结旅行计划对生涯规划的启示。

认识自我的第一个方面是了解自己，吴老师指导同学们用“兴趣岛”活动探索职业兴趣，兴趣是影响人们工作满意度、职业稳定性的重要因素，但是在“你的兴趣是什么？”“你想做什么样的工作？”问题上往往又得不到满意的回答。兴趣岛实际代表了霍兰德提出的 6 种职业兴趣类型，通过这个活动，可以帮助同学们初步判断兴趣类型。

认识自我的第二个方面是对自己能力的认识，吴老师指导同学们开展“我能做什么”活动，按照“我可以____，因为我____”的格式来完形填空，从而发现自身的优势。

认识自我的第三个方面是探索自己适合从事什么样的工作，除了探索自己的兴趣、能力，探索自己的职业性格也是很重要的方面。吴老师指导班上开展“传花环”活动，随着击鼓声响起，各小组的花环在小组成员间传递，鼓声停止后，小组其他成员说出拿花环的人的性格特点。

认识自我的第四个方面就是对职业价值观的探索，只有从事的工作和自身的职业价值观一致时，才能更好地激发工作的潜能，获得成就感。为了帮助同学们探索职业价值观，吴老师指导班上同学开展“21 种价值观排序”活动，帮助同学们探索职业价值观。

（4）第二周课后至第三周课前（任务：撰写职业生涯规划之认识自我）：吴老师布置了下节课的任务，各小组成员利用课余时间撰写职业生涯规划之自我认知模块，小组推荐做得最好的组员在下节课进行汇报展示。四天后，杨组长组织小组成员集中学习彼此完成的自我认知模块。五名同学中只有陈同学没有完成自我认知模块的撰写，杨组长了解原因后发现他不是不想做，而是不知道如何去做，之后建议陈同学抽时间继续完成自我认知模块的撰写。小组其他成员展示了自己撰写的自我认知模块，其中，张同学完成得最好，写得最全面，大家一致推荐张同学下周作为代表展示汇报自己的成果。

（5）第三周课上（任务：职业生涯规划之职场探索）：课前小组成员完成演讲顺序抽签，张同学第二个上台讲述职业生涯规划——自我认知。张同学演讲完毕后，吴老师请其他小组同学总结归纳张同学做得好的三个方面和做得不好的三个方面。其他小组发言完毕后，吴老师也对张同学的演讲提出了建议，同时希望其他同学也能汲取张同学的优点。

为了帮助同学们认识和了解外部世界的信息，树立人生理想，吴老师开始指导同学们探索外部职场。吴老师组织小组成员开展“说说你的家族职业树”活动，通过这个活动，大家可以了解很多职业种类，了解其他同学对这些职业的认识。

接下来，吴老师请同学们列举出与现在所学的信息技术类相关的职业，越多越好，帮助同学们对专业相关职业做更全面的了解。

为了帮助同学们更好地了解信息产业对人才的要求，吴老师要求各小组成员利用课余时间完成信息产业人才需求调研，调研对象包括已毕业的师兄师姐、学院老师以及信息产业从业人员。

（6）第三次课下至第四次课上（任务：撰写职业探索模块）：课后，蒲公英小组成员认真完成信息产业人才需求调研和职业探索模块的撰写，蒲公英队的王同学从家庭环境分析、专业行业分析、学校环境分析、社会就业分析及个人分析五个方面探索外部职业，王同学将作为小组发言人在下节课展示调研结果和职业探索模块。

（7）第四周课上（任务：职业生涯规划之职业决策）：吴老师检查了大家的作业完成情况，对没有完成职业探索模块撰写的同学进行扣分。各小组发言人轮流展示调研结果和职业探索模块。每位代表展示结束后，吴老师都会留时间给同学们讨论该同学做得好的方面和做得不好的方面，通过大家集思广益来帮助该同学完善职业决策。

为了帮助同学们做好职业选择，吴老师指导同学们开展“生涯幻游”活动，在轻音乐的背景下，同学们以最舒适、放松的坐姿闭眼坐好。吴老师念出指导语，大意为请同学们幻想五年后的某一天，我们在哪里工作，工作环境怎么样，心情怎么样，同事如何，领导如何，等等，越具体幻想越好。之后，吴老师请同学们透过“生涯幻游”看到的景象，制定自己的五年目标，再通过比较现在的自己和五年后的自己的差距来制定行动计划。

（8）第四周课下至第五周课上（任务：准备职业生涯规划比赛）：职业生涯规划的自我认知、职业探索、职业决策三个环节在这个阶段已经全部完成，接下来，吴老师请同学们根据课堂上学习、体会、感悟到的职业生涯规划的方法，制定自己的职业生涯规划，各组内部推荐一名做得最好的同学参加下星期课堂上举行的职业生涯规划比赛，得分最高的小组将会获得吴老师特别准备的神秘礼物，得分最低的小组也会有相应的惩罚。同时，吴老师会检查所有同学的职业生涯规划报告，未完成的同学将遭受严厉扣分。

（9）第五周课上（任务：班级职业生涯规划比赛）：蒲公英队的杨队长参加了本周职业生涯规划大赛。杨同学的职业生涯规划不仅包含自我认知、职业探索、职业决策等模块，还精心设计了封面，增添了文档背景，加入了时间管理模块，从内容和形式上面都给人耳目一新的感觉并获得了全班第二的好成绩。

（10）第五周课下至第六周课上（任务：准备个人简历）：通过前几周的学习，同学们都确立了自己的职业生涯规划路线。吴老师布置了课后作业，要求同学们结合自己的职业目标制作个人简历，个人简历需主要说明自己过去的经历，尽可能给招聘者留下好的印象。吴老师同样要求各组内部推荐一名做得最好的同学参加下星期课堂上举行的个人简历比赛，得分最高的小组也将获得吴老师特别准备的神秘礼物，得分最低的小组也设置有相应的惩罚。

（11）第六周课上（任务：班级个人简历比赛）：蒲公英队的王同学创新了简历形式，用报价单的形式展示个人信息，非常新颖独到，最终获得全班第二的好成绩。蒲公英队随后将职业生涯规划报告、个人简历、结题报告和其他资料汇总发给吴老师存档。

<table>
<tr><td colspan="2">第一周课前有话：
1. 你知道职业的分类有哪些？
2. 你了解信息产业对人才素质的要求有哪些？
3. 你知道什么是职业生涯规划？
4. 我们为什么要进行职业生涯规划？
本周需要关注的能力点：与人合作能力、与人交流能力、自我学习能力。</td><td></td></tr>
<tr><td>实施步骤</td><td>主要内容</td><td>教师评价</td></tr>
<tr><td>筹备会议</td><td>解决以下问题：
1. 职业生涯规划的内容有哪些？
2. 职业生涯规划的步骤有哪些？
3. 什么是职业生涯规划书？
4. 我们如何去分工学习准备知识？

在此记录筹备会议上的重要议题。</td><td></td></tr>
</table>

项目 选题	思考以下问题： 1. 老师给出的职业生涯规划结题标准是什么？ 2. 我们的职业生涯规划难点有哪些？	
预期 意义	1. 我们为什么要做职业生涯规划？ 2. 你预计项目能锻炼我们什么样的关键能力？	
资源 准备	1. 除了书上为我们提供的知识资源外，我们还应该学习些什么？ 2. 我们可以去哪里学习上述知识？ 3. 做了 MBTI 性格测试，你对自己有了哪些认识？	

<table>
<tr>
<td></td>
<td>

小知识

MBTI

MBTI 的全名是 Myers-Briggs Type Indicator。它是一种迫选型、自我报告式的性格评估理论模型,用以衡量和描述人们在获取信息、作出决策、对待生活等方面的心理活动规律和性格类型。

MBTI 性格测试网络链接:http://www.apesk.com/mbtihd/mbti_all.html#7

MBTI 把性格分为 4 个维度,每个维度包含相互对立的 2 种偏好:

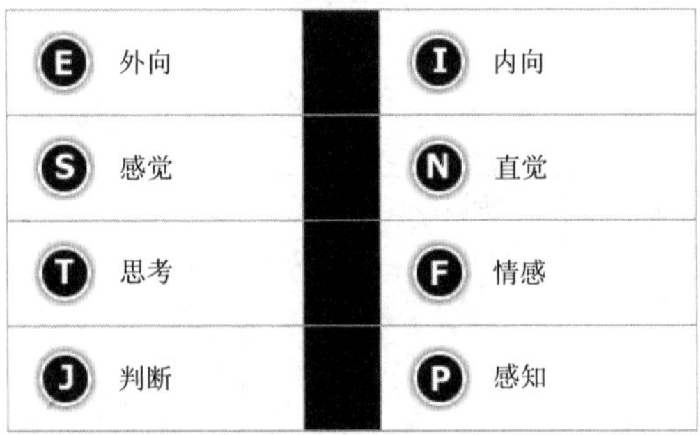

图 5-10　性格 4 个维度

</td>
<td></td>
</tr>
<tr>
<td>集中研讨会</td>
<td>

1. 是不是应该制定职业生涯规划项目行动计划?

2. 是不是应该讨论职业生涯规划项目分工?

3. 在这个项目中,我的职责(分工)是什么?

4. 队友们的职责(分工)又是什么?

</td>
<td></td>
</tr>
</table>

<table>
<tr><td></td><td>5. 这次项目中，我准备如何帮助队友们完成他们的任务？</td><td></td></tr>
<tr><td>编制计划表、进度表</td><td>1. 计划表、进度表应该如何绘制？
2. 除了计划表、进度表，我们还应该做些什么？

请在此处附上计划表：

小知识
计划表大致有四种，可以分为年计划表、月计划表、周计划表、日计划表。
●年计划表是一年总的计划安排，起到统筹全年工作任务的作用。
●月计划表是从年计划表中抽出一个月的计划，填写该月要进行的任务。
●周计划表是从一个月中抽出一周计划，比月计划表更翔实。
●日计划表是从周计划表里写出一天之内的计划，详细设定从早到晚的任务安排。</td><td></td></tr>
</table>

表 5-3 日计划表

个人日工作计划表				
				日期:
序号	时间段	重要日程	工作计划	完成情况
1	8:00-9:00	一般	整理资料	
2	9:00-10:00	重要	开会	
3	10:00-11:00	非常重要	参加重要会议	
4	11:00-12:00			
5	13:00-14:00	一般		
6	14:00-15:00			
7	15:00-16:00			
8	16:00-17:00			

表 5-4 周计划表

周工作总结计划表

汇报人:××× 职务:设计师

年 月 日,第 周工作周报

<table>
<tr><th>项目</th><th colspan="3">完 成 工 作 说 明</th><th>总计完成量</th><th>工作完成时间</th></tr>
<tr><td rowspan="13">上周工作完成情况</td><td rowspan="5">重点工作</td><td>1.</td><td></td><td></td><td></td></tr>
<tr><td>2.</td><td></td><td></td><td></td></tr>
<tr><td>3.</td><td></td><td></td><td></td></tr>
<tr><td>4.</td><td></td><td></td><td></td></tr>
<tr><td>5.</td><td></td><td></td><td></td></tr>
<tr><td rowspan="5">日常</td><td>1.</td><td></td><td></td><td></td></tr>
<tr><td>2.</td><td></td><td></td><td></td></tr>
<tr><td>3.</td><td></td><td></td><td></td></tr>
<tr><td>4.</td><td></td><td></td><td></td></tr>
<tr><td>5.</td><td></td><td></td><td></td></tr>
<tr><td rowspan="4">未完成工作说明</td><td colspan="2">内 容 分 析</td><td colspan="2">处理办法及完成时间</td></tr>
<tr><td>1.</td><td></td><td></td><td></td></tr>
<tr><td>2.</td><td></td><td></td><td></td></tr>
<tr><td>3.</td><td></td><td></td><td></td></tr>
<tr><td rowspan="4">改善意见</td><td colspan="5">建议内容(本部门或其他部门的提议)</td></tr>
<tr><td colspan="5"></td></tr>
<tr><td colspan="5"></td></tr>
<tr><td colspan="5"></td></tr>
</table>

<table>
<tr><td colspan="3">第二周课前有话：
1. 开动脑筋，在笔记本上写下 10 条未来几年至一生你认为自己应做的事情，不要在乎想法是否好高骛远，并尽可能地将事情描述清楚。
本周需要关注的能力点：信息处理能力、与人交流能力、问题解决能力。</td></tr>
<tr><td>实施步骤</td><td>主要内容</td><td>教师评价</td></tr>
<tr><td>准备第一次宣讲</td><td>1. 第一次宣讲需要准备些什么资料？请列出准备清单。

表 5-5　准备资料清单
<table><tr><th>准备材料名称</th><th>件数</th><th>负责人</th></tr><tr><td></td><td></td><td></td></tr><tr><td></td><td></td><td></td></tr><tr><td></td><td></td><td></td></tr><tr><td></td><td></td><td></td></tr><tr><td></td><td></td><td></td></tr></table>
2. 我该如何展示我们的初始计划？

3. 我们组是怎么选定宣讲人的？</td><td></td></tr>
</table>

总结	项目进行到目前这个阶段，我学到了哪些职业生涯规划理论？	

第一次宣讲

1. 第一次宣讲到底要注意哪些问题？

表 5-6　宣讲人的准备

需准备项目	宣讲人如何准备	备注
衣着		
目光		
手势		
礼节		
讲稿（提词卡）		

2. 请将宣讲人的讲述逻辑用流程图表示。

宣讲过程记录

1. 同学们提出了哪些问题？

表 5-7　同学们的意见和建议记录表

同学们的意见和建议	本组的应对策略

表 5-8　老师的意见和建议记录表

老师的意见和建议	本组的应对策略

2. 宣讲人的本场表现记录。

表 5-9　宣讲人的表现记录表

表现好的方面	表现不好的方面

小知识

演讲技巧

演讲，通俗表达就是当众讲话。演讲者要注重声音的感染力，同时辅之以演。要想做一个有影响力的人，公众演讲能力必不可少。演讲是讲究技巧的，我们可以从演讲姿势、视线、语速等方面提升自己的演讲能力。

●演讲的常用姿势有以下几种（见图 5-11 至图 5-14）。

图 5-11 演讲者双手抱着一个球

图 5-12 演讲者双手摆出金字塔形

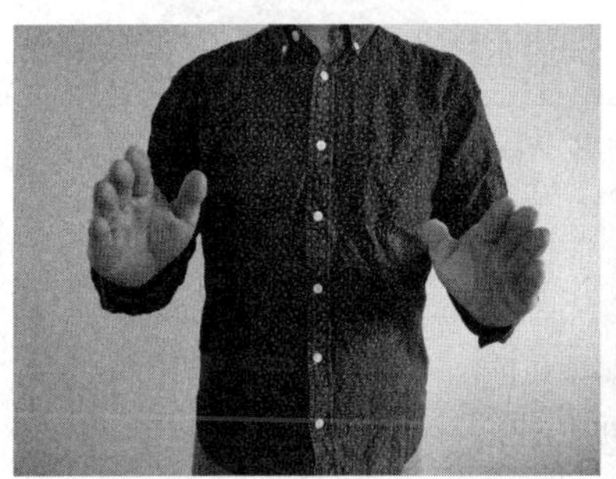

图 5-13 演讲者双手掌心向下

图 5-14 演讲者双手掌心向上

●演讲时的视线：重点推荐环视法，即演讲者的目光有节奏地环视全场，视线可以从观众席前排扫到后排，左边扫到右边，右边扫到左边。

●演讲时的语速：语速过快听众听不清，语速过慢容易导致听众走神，演讲时的语速要控制在每分钟 120 字至 140 字。

难点自析	1. 通过宣讲和答辩，我们发现初始计划中有哪些工作难度较大？ 2. 在项目实施的过程中，我们又可能遇到什么样的困难？ 3. 我们是否有应对这些困难的准备？	
请求协助	1. 当我们遇到困难无法解决时，该向谁求助？ 2. 有哪些方法能够帮助我成功得到他人的帮助？ 3. 向他人求助时，我要注意哪些细节？	

集中 研讨会	1. 是不是该讨论信息产业职场调研的任务安排？ 2. 是不是该讨论信息产业职场调研的人员安排？ 请在此处附上集中研讨会会议纪要。	
实施	1. 如果有问卷，我们需要设计哪些问题？ 2. 实施的过程中可能遇到什么样的问题？ 3. 我们可以采取哪些措施去解决这些潜在的问题？	

<table>
<tr><td>实施后阶段总结会</td><td>请在此处附上实施后阶段总结会会议纪要。

调整后的计划,请附上计划表。</td><td></td></tr>
<tr><td>实施</td><td>实施过程记录。

表 5-10 实施过程记录表
<table><tr><th>工作子项名称</th><th>所遇问题</th><th>解决办法</th></tr><tr><td></td><td></td><td></td></tr><tr><td></td><td></td><td></td></tr><tr><td></td><td></td><td></td></tr><tr><td></td><td></td><td></td></tr><tr><td></td><td></td><td></td></tr><tr><td></td><td></td><td></td></tr><tr><td></td><td></td><td></td></tr><tr><td></td><td></td><td></td></tr><tr><td></td><td></td><td></td></tr></table></td><td></td></tr>
</table>

<table>
<tr><td>小结</td><td>请在此处附上总结。
这次项目实施中，我总结了哪些经验？

小知识
如何更加全面地了解自我
除了心理测评的方式，我们还可以尝试使用 360 度评估法（图 5-15）。360 度评估法又称为全方位评估法，最早被英特尔公司提出并加以实施运用。该方法是指通过员工自己、上司、同事、下属、顾客等不同主体来了解其工作绩效，通过评论知晓各方面的意见，清楚自己的长处和短处，来达到提高自己的目的。那么，作为学生的我们可以向父母、老师、同学、朋友或者其他熟悉的人咨询，运用 360 度评估法来更加准确地了解自我。
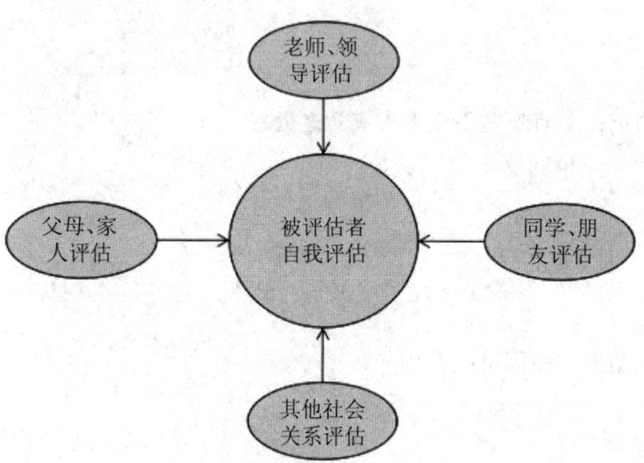

图 5-15　360 度评估法

请将你运用 360 度评估法的分析结果记录在表中。</td><td></td></tr>
</table>

表 5-11 360 度评估分析表

	优点	缺点
自我评估		
老师评估		
同学评估		
朋友评估		
家人评估		
其他评估		

第三周课前有话：
1. 有哪些途径可以获取职业环境信息？
2. 职业探索有哪些方法？
本周需要关注的能力点：数字应用能力、与人交流的能力、自我学习能力。

实施过程问题归因

1. 我们在项目实施的过程中有哪些不尽人意的地方？

2. 我所做的工作中有哪些不太令人满意之处？

3. 造成这些结果的原因可能有哪些？

<table>
<tr><td>集中研讨会</td><td>请在此处附上会议纪要：
1. 组内是如何调研信息产业行业需求的？
2. 组内如何进一步实施调研？
3. 如何做目标岗位分析？

小知识
用 SWOT 分析法进行个人职业生涯规划
SWOT 分别是四个英文单词的第一个字母，即优势（Strength）、劣势（Weakness）、机会（Opportunity）、威胁（Threat）。所谓 SWOT 分析，指的是在四个维度上进行分析，然后通过矩阵式交叉的分析，找出适合自己的基本策略。
第一步，评估自己的长处和短处。
评估自身优势时，要注意分析：你学会了什么，比如获得的职业资格证书、参加的各种比赛；你曾经做过什么，比如社会实践经验、学生干部经历；你最成功的事是什么，比如字写得很好，善于和人交流。评估自身的弱势时，注意分析性格的弱点和经验的欠缺。
第二步，找出职业机会和威胁。
不同的行业都面临不同的外部机会和威胁，所以，找出这些外界因素将助你成功地找到一份适合自己的工作，这对求职是非常重要的，因为这些机会和威胁会影响你的第一份工作和今后的职业发展。请列出你感兴趣的一两个行业，然后认真地评估这些行业所面临的机会和威胁。</td><td></td></tr>
</table>

1. 请对自己做一个 SWOT 分析评估，填写在下表。

表 5-12 SWOT 分析评估

<table>
<tr><th colspan="2">内部条件</th><th colspan="2">外部条件</th></tr>
<tr><td rowspan="2">优势（S）</td><td>1.
2.
3.</td><td rowspan="2">机会（O）</td><td>1.
2.
3.</td></tr>
<tr><td>1.
2.
3.</td><td>1.
2.
3.</td></tr>
<tr><td rowspan="2">劣势（W）</td><td>1.
2.
3.</td><td rowspan="2">威胁（T）</td><td>1.
2.
3.</td></tr>
<tr><td>1.
2.
3.</td><td>1.
2.
3.</td></tr>
</table>

结论：

2. 什么是目标岗位分析表？

目标岗位分析表可以如表 5-13 所示。

表 5-13 目标岗位分析表

<table>
<tr><td>职位名称：</td><td></td></tr>
<tr><td>岗位说明：</td><td></td></tr>
<tr><td>工作内容：</td><td></td></tr>
<tr><td>任职资格：
学历要求：
培训经历：
经验要求：
技能要求：
人格要求</td><td></td></tr>
<tr><td>工作条件：
工作场所：
环境状况：
危险性：</td><td></td></tr>
<tr><td>发展前景：</td><td></td></tr>
</table>

第四周课前有话：

1. 读书阶段，我们可以从哪些方面设置目标？

2. 什么是职业生涯发展路线？

本周需要关注的能力点：数字应用能力、信息处理能力、问题解决能力、与人交流能力。

宣讲

1. 同学们提出了哪些问题？

表 5-14　同学们的意见和建议记录表

同学们的意见和建议	本组的应对策略

表 5-15　老师的意见和建议记录表

老师的意见和建议	本组的应对策略

2. 宣讲人的本场表现记录。

表 5-17　宣讲人的表现记录表

表现好的方面	表现不好的方面

实施修改	请将修改后的实施计划或策略记录在下。	
数据分析问题归因	请将数据进行分析。	
分析模型	我们是否使用了某种分析模型？	

集中研讨会	请在此处附上集中研讨会会议纪要。	

<table>
<tr><td colspan="3">第五周课前有话：
1. 职业生涯规划书的格式具体有哪些要求？
2. 结题答辩应该注意什么？
3. 关键词：结题。
本周需要关注的能力点：信息处理能力、与人合作能力、问题解决能力。</td></tr>
<tr><td>了解
自我</td><td>1. 关于你的兴趣、能力、性格、价值观的分析。

2. 对自我的认识分析。</td><td></td></tr>
</table>

职业生涯机会评估	1. 关于职业生涯机会的社会环境的分析。 2. 关于职业生涯机会的行业环境的分析。 3. 关于职业生涯机会的学校环境的分析。 4. 关于职业生涯机会的家庭环境的分析。	

职业生涯定位及决策	1. 阐述职业生涯规划的实施计划。 2. 阐述职业生涯规划的评估和调整。	

<table>
<tr><td colspan="3">第六周课前有话：
1. 简历有哪些形式？
2. 撰写个人简历应注意的事项有哪些？
3. 关键词：结题。
本周需要关注的能力点：信息处理能力、与人合作能力、问题解决能力。</td></tr>
<tr><td>结题
答辩</td><td>将答辩记录记在此处。</td><td></td></tr>
</table>

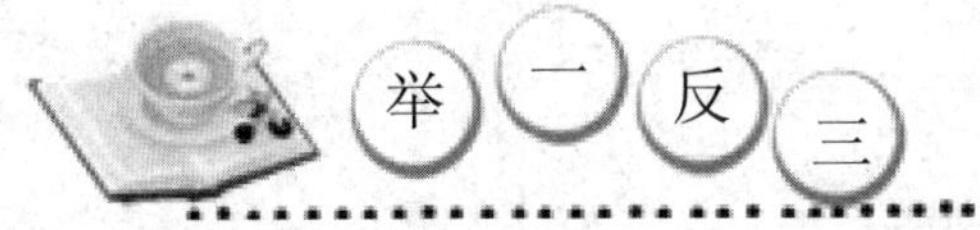

请学有余力的小组完成以下职业关键能力训练项目：

你的好朋友小张，现就读于软件专业二年级，每天过得浑浑噩噩，对未来充满迷茫，作为小张好朋友的你可以通过何种方式来帮助小张呢？

按照以上话题材料，运用职业生涯规划理论，采取职业关键能力的训练方法和最终要求，进行此次项目实践。

学有余力的同学，还可以选修以下课程：

续表

名称	作者	书籍简介	出版社	ISBN	图书图片
《生涯体验——生涯发展与规划（第3版）》	黄天中著	此书由黄天中博士所著，详细阐述了人的整个生涯发展，对学生认识自我、设计职业生涯规划，发挥个人潜能具有十分重要的参考价值。	高等教育出版社	9787040435665	
《精进：如何成为一个很厉害的人》	采铜著	本书能帮助同学们开启全新的思考方式，从时间、选择、行动、学习、思维、才能、成功七个方面，为同学们提供成为优秀人的有效路径。	江苏凤凰文艺出版社	9787559435835	

附录 1　训练项目结题报告

项目名称：______________________________

项目编号：______________________________

组长姓名：______________________________

班　　级：______________________________

组长手机：______________________________

组员姓名：______________________________

指导教师：______________________________

项目年限：______________________________

填表日期：______________________________

一、基本情况

1. 项目情况					
项目名称					
团队名称					
预计目标					
2. 组长					
姓名		电话		学号	
院系		年级专业		签字	
3. 参与学生情况					
学号	姓名	院系	年级专业	联系电话	签字
4. 指导教师情况					
姓名	性别	职称	所属单位	联系电话	签字

二、成果简介

（一） 项目开展情况简述
（二） 项目分工及完成情况简介

姓名	分工	完成情况

（三）　成果简介
1. 本项目的目的、社会意义。   2. 项目成果的主要内容。   3. 项目实施计划表。

三、项目实施总结报告

（一） 项目实施对象基本情况描述

（二） 项目实施设计

（三） 项目实施情况综述

（四） 项目数据报表与效果评估

（五）项目反思与个人收获

（六）项目后续计划

四、经费使用情况

经费支出情况：

项目	费用

五、指导教师审核意见

项目指导教师对结题的意见，包括对项目研究工作和研究成果的评价等。

指导教师签字：

年　月　日

六、答辩教师审核意见及评分

答辩教师签字：

年　月　日

附录 2　售后服务维修记录表

记录编号：RD-FOR-006-096　　版本：A/0

本次维修时间：　年　月　日 —　年　月　日							
保修期内　□		保修期外□			售后维修□		
客户		联系人			电话		
地址							
机型规格		机型编号			出厂时间		
故障现象：							
				描述人 / 日期：			
处理方案：							
				维修员 / 日期：			
故障处理结果：已完成□　未解决□　备注：							
是否有更换配件：是□　否□　配件名称 / 数量：							
客户确认：							
				客户签字：			
				日　期：			

附录3　客户投诉记录

<table>
<tr><td>客户</td><td></td><td>投诉号</td><td>收到日期</td><td></td></tr>
<tr><td colspan="2">客户联系方式</td><td colspan="3"></td></tr>
<tr><td colspan="2">投诉处理人员</td><td colspan="3"></td></tr>
<tr><td colspan="5">投诉具体内容：

记录人：　　　　　时间：</td></tr>
<tr><td colspan="5">投诉处理过程：

记录人：　　　　　时间：</td></tr>
<tr><td colspan="5">投诉处理结果：

记录人：　　　　　时间：</td></tr>
<tr><td colspan="5">备注：

记录人：　　　　　时间：</td></tr>
</table>

附录4　自荐信

尊敬的领导：

您好！

真诚地感谢您在百忙之中翻阅这份自荐材料。这里有一颗热情而赤诚的心渴望得到您的了解。当您打开这份材料时，一个已经做好了充分准备的大学毕业生，在这里接受您的挑选。

我叫 ××，将在 20×× 年毕业于 ×××× 大学 ××× 学院 ×× 专业。大学四年是我思想、知识结构及心理成熟的重要时期，在这四年惠于 ×××× 大学浓厚的学习、创新氛围，融入其中逐渐使我成为一名复合型人才。

在校期间我勤奋学习专业知识，并注重运用合理的学习方法，通过几年的学习使我牢固掌握了专业知识，共获得四次奖学金。在思想上，我积极上进，以实际行动向党组织靠拢。此外，我还积极投身学生工作，在为同学服务中锻炼自身综合能力，同时充分发挥自己的优势，组织策划多次学生活动，在校学生会和班级工作中积累了大量的工作经验，使自己具有良好的身体素质和心理素质，也得到了老师的肯定。由于表现突出，我曾连续三年荣获“优秀学生会干部”“优秀社团干部”、2008 年暑期三下乡“先进个人”等称号。

面临毕业，我希望自己能走好踏入社会的第一步，因此，我把贵单位作为长远发展，努力回报的地方。“玉在椟中求善价，钗于奁内待时飞”，我渴望学成之后可以大展身手，更急盼有伯乐的赏识与信任。我会用我的实际行动回报您对我的选择，用我的青春与才智为贵单位的快速发展作出贡献！最后，祝愿贵单位蒸蒸日上，祝贵单位全体人员身体健康，事业更上一层楼。

此致

敬礼！

自荐人：×××

20×× 年 ×× 月 ×× 日

附录 5　简历

个人基本情况

××

联系电话:1363603××××　　电子邮箱:1343554××@qq.com

性别:男　　出生年月:1995 年 11 月

民族:汉族　　籍贯:重庆云阳

英语水平:CET-6　　学历:本科

专业:物联网应用技术

照片

教育背景

2010.9 － 2014.6　　×× 学院　　物联网应用技术专业　　工学学士

专业技能

➢ 熟悉计算机网络,理解 TCP/IP 协议,考取计算机网络管理员四级证书;

➢ 熟悉 Linux 平台下的网络编程、多进程 / 线程编程等,负责网关开发;

➢ 熟悉 C/C++ 语言编程,具备良好的编程规范,负责协议栈功能测试;

➢ 熟悉工业控制网络、无线传感器网络安全相关知识,熟悉工业控制网络的网络搭建组态调试;

➢ 能够熟练使用 IAR、Source Insight、Visual Studio、PCWORX 等编程工具;

➢ 能够熟练使用 Word、Visio、PPT、Excel,负责安全网关开发文档、协议栈安全测试文档、工控网络方案等撰写;

➢ ……

获奖情况

国家励志奖学金、校级优秀学生专业一等奖、校级三好学生、校级优秀学生专业二等奖、院级三好学生、学校程序设计大赛二等奖……

证书情况

➢ 通过 CET-6(481 分),能够熟练阅读并翻译英文资料和专业文档;

➢ 计算机网络管理员,四级,掌握计算机网络运行、维护工作;

➢ ……

校园活动及社会实践

➢20××.09　　担任心理部部长
➢20××.09　　担任班级班长，组织策划班级联谊活动
➢20××.09　　担任重庆新东方暑期英语培训班班长
➢20××.09　　担任班级学习委员

自我评价

➢ 本人工作踏实认真，责任心强，积极上进，具有很强的自律能力和时间管理能力；
➢ 具有强烈的责任心，有很好的团队精神和协同能力，同时具备独立完成任务的能力；
➢ 具有同情心，为人诚恳，具有良好的组织、协调、管理能力；
➢ 有敏锐地发觉、收集、处理及分析信息的能力；
➢ ……

——感谢您的阅读——

附录6　职业规划书

个人信息
姓名：
性别：
学校：
学院：
班级：
学号：
联系电话：
QQ：
E-MAIL：

第一部分　自我认知
一、成长经历
（一）家庭状况
……
（二）教育经历

时间	4岁~12岁	12岁~16岁	16岁~19岁	19岁至今
教育经历				
收获				

（三）总结分析

二、职业测评
……

三、我的专业

……

四、自我认知总结分析

第二部分　职业探索与抉择

岗位：

……

应当具备：

……

职业探索与抉择总结：

……

第三部分　职业决策

一、职业目标

SWOT 分析

Strength	Weakness
Opportunity	Threat

二、备选职业目标

SWOT 分析

Strength	Weakness
Opportunity	Threat

三、决策分析小结

第四部分　规划与实施计划

一、规划目标

总目标：

阶段目标：

二、规划时间

大学阶段：20××-20×× 年，3 年

实习阶段：20××-20×× 年，2 年

工作阶段：20×× 年以后

三、学校阶段实施计划

（一）理论学习

（二）综合能力

（三）职业技能

相关证书